Sociedad Despierta

Sociedad Despierta

Mensajes para la vida

vol. I

TÍTULO: Sociedad Despierta. Mensajes para la Vida.
Las cinco fases para el despertar de la conciencia y la voz de una parte de la humanidad.

AUTORA: Silvia García©

COMPOSICIÓN: HakaBooks - Optima cuerpo 12
DISEÑO PORTADA: Hakabooks ©
FOTOGRAFÍA PORTADA: Aportada por la autora©

EDICIÓN Y CORRECCIÓN: Eva Ramírez Miras - Tu voz en mi pluma

2º EDICIÓN: septiembre 2021
ISBN: 979-87-69747-55-7

HAKABOOKS
08201 Sabadell - Barcelona
☎ +34 680 457 788
🏠 www.hakabooks.com
✉ editor@hakabooks.com
▪ Hakabooks

Quedan prohibidos, dentro de los límites establecidos por la ley y bajo los apercibimientos legalmente previstos, la reproducción total o parcial de esta obra por cualquier medio o procedimiento, ya sea electrónico o mecánico, el tratamiento informático, el alquiler o cualquier forma de cesión de la obra sin autorización escrita de los titulares del copyright.
Todos los derechos reservados.

PRESENTA EN ESTA OBRA

Volumen I

Las cinco fases para el despertar de la conciencia y
la voz de una parte de la humanidad

ÍNDICE

PRÓLOGO	11
PRIMERA PARTE	13
Hoy somos una sociedad de conciencia despierta	17
Ciudadanos virtuosos	41
El reconocimiento	59
Mi tierra y yo	71
Identidad	75
Integración	79
SEGUNDA PARTE	85
El despertar de una sociedad	89
El renacer del yo humano	93
El poder del miedo al cambio y a la transformación inevitable	97
La palabra, generadora de cambio	101
La interculturalidad y su importancia en el mundo global	105
Vida abundante	109
Identidad	113
La nueva manera de vivir	117
Esto sucedió	121
¿Cuál es mi lugar?	125

Somos seres de luz	129
Todos podemos influir en nuestro entorno	133
Amor a la vida	137
Quiero contribuir a una sociedad con miradas y acciones conscientes	141
Un viaje en el que aprendo, comparto e influyo	145
Mente abierta	151
El porte de la patrona	155
La imperfección	159
Para nosotros	163
Tú puedes obrar milagros	167
Lo que somos	171
Mi quebrantamiento me lleva a valorar	175
Querido yo, querida humanidad	179
Amando la realidad	183
¿Cómo puedo conseguir la felicidad?	187
La universalidad del sentimiento	191

PRÓLOGO

*Y al final,
el amor que recibes
es igual al amor que
entregas.*

The Beatles

Es impresionante la cantidad de personas que andamos por la vida «dormidas»: caminamos, trabajamos y vivimos dormidas. Hoy, más que nunca, vemos cómo nos hemos ido transformando en autómatas con ciclos programados, nos hemos convertido en una visión absurda de un futuro que, desde hace tiempo, ya nos alcanzó. Perdidos en la vorágine de las redes sociales, en lo banal y en el sinsentido dejamos que el mundo gire sin importarnos nada que no sea lo que nos afecte o estimule directamente, lo demás nos es irrelevante; sin embargo, algunos hemos ido poco a poco despertando del letargo y podido ver con nuevos ojos el gran entorno al que llamamos *vida*. Sí, parece increíble, pero es cierto: está sucediendo justo ahora, mientras lees estas primeras líneas. La humanidad ha vivido cegada ante la belleza incomparable del amor y, como resultado, nuestro mundo es caótico y confuso; basta ver que por más de dos mil años hemos vivido en la constante barbarie con guerras, holocaustos, ecocidios, tragedias y un sinfín de desastres provocados por la falta de amor. Si supiéramos que la respuesta y el cambio están en cada uno de nosotros podríamos hacer un mundo nuevo y mejor, pero ¿qué nos lleva a vivir dormidos?, ¿por qué seguimos esa inercia tan absurda y obsoleta?

Es tiempo de despertar, de renacer y de vivir juntos la dulce hermosura del amor. Basta de aferrarnos a nuestras propias cadenas imaginarias, de obedecer al ego y a la vanidad, basta ya de someternos ante nuestros profundos miedos. Recordemos nuestro origen divino, lleno de amor al ser creados por el Ser Supremo. Somos seres con capacidades inmensas, solo necesitamos recordarnos a nosotros mismos nuestra verdadera esencia y que, ante ello —anteponiendo el amor—, no hay imposibles.

En las siguientes páginas encontrarás una guía para saber cómo reconocerte, perdonarte, recordar tu origen, despertar ante el amor y entregarte a él por completo. Tu vida dará un cambio, lo sabrás, lo verás, lo notarán y, sobre todo y lo más importante, podrás compartir tu plenitud con todas las personas que te rodean, siendo así un factor de cambio, al inspirarlas con la suave fragancia del amor. Adelante, espero que este libro llegue a anidar en lo profundo de tu alma y de tu corazón y te sumes a ese grupo privilegiado que se atreve a hacer un verdadero cambio en nuestra humanidad.

Carlos Eduardo Lamas Cardoso, escritor y poeta

PRIMERA PARTE

SILVIA GARCÍA TAPIA

Mujer virtuosa, licenciada en Administración de Empresas, fundadora de Sociedad Despierta Internacional, coach internacional de vida y desarrollo humano, Master Practitioner en programación neurolingüística y metafísica, empresaria y autora del libro *El privilegio de vivir*, de la editorial Porrúa.

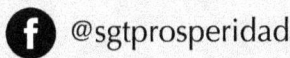 @sgtprosperidad

HOY SOMOS UNA SOCIEDAD DE CONCIENCIA DESPIERTA

Todos somos sociedad despierta, pero estábamos dormidos, vinimos en este tiempo y como humanidad hemos empezado a despertar.

Los valores y las virtudes, así como los talentos, no están perdidos, lo que pasa es consecuencia de habernos quedado dormidos; la humanidad había caído en un sueño profundo, pero este es el tiempo, tiempo de despertar.

La humanidad es maravillosa y amigable, lo que distorsiona su comportamiento es la voz del ego, pues cuando estamos dormidos las pesadillas se pueden tornar muy tremendas y el ego disfruta mantenernos acobardados, asustados e inseguros. Cuando le damos el altar que es de nuestra fuente y está en nuestra mente al ego, lo hacemos por ignorancia e inconsciencia, por estar dormidos, pero esto no tiene por qué seguir siendo así, pues al hacerlo nuestra vida se distorsiona; por eso la solución no está en un solo hombre ni en un presidente: a un presidente o representante lo elegimos como nuestro administrador, pero la solución está en la humanidad, mas no en la humanidad con conciencia dormida, esa que se la pasa viviendo en el juicio y la culpa, sino en la humanidad despierta, la que sabe amar de verdad, que sabe quién es y se aplica en lo que vino a manifestar. Como dijera Salvador Gómez, «solo mentes lúcidas y creativas pueden darnos respuestas lúcidas y creativas».

Esta obra tiene un propósito: ser un recurso de información para la vida. Este material no es exclusivo de hombres o mujeres, de alguna asociación religiosa o de un partido político, de una fundación, empresa o algo más. El objetivo de esta obra es que, si ya estamos listos y así lo elegimos, tengamos una base para reflexionar, pues a veces, desde cierta perspectiva como sociedad, pareciera que en pleno siglo XXI, casi dos mil años después de que supimos que necesitábamos hacer un nuevo comienzo, un rediseño, ya con una comprensión clara de pasado y presente, lo hemos seguido posponiendo y no somos culpables, solo responsables de seguir, en muchos casos, durmiendo, pero al despertar comprenderemos que nuestros pensamientos pueden representar el nivel inferior de nuestra experiencia humana o el nivel superior de esta, y según el nivel que representemos así viviremos; entonces, una vez hecha la elección correcta, todo se puede transmutar y la verdadera transformación puede avanzar.

Desde que comprendí esto de la *buena nueva* he estado muy feliz, pues resulta que cuando Jesús le dijo a la samaritana «Créeme, mujer, que llega la hora en que ustedes adorarán al Padre sin tener que venir a este lugar o ir a Jerusalén y cuando los que de veras adoran al Padre, lo harán de un modo verdadero, conforme al espíritu de Dios», en realidad nos estaba diciendo: «Ustedes son templos vivos, su espíritu está en constante comunión con la Fuente»; si ustedes se desean alinear, no tienen que ir a ninguna parte (o dejar de ir), por eso habrás escuchado que «un minuto basta para cambiar o hacer la diferencia».

Lo más hermoso de comprender esto es que, hoy en día, quien se congrega en alguna iglesia, templo o mezquita es por convicción, por convivir amablemente con las personas y tener un tiempo enteramente para cultivar la relación con la Divinidad, en nosotros, en el silencio y, dentro de la actividad, en conjunto, mas no es un requisito ni obligación ir a un lugar en particular, es decir, cuando no se puede hacer eso la relación con la Fuente no se irrumpe, pues, al ser nosotros templos vivos, tenemos un altar en nuestra mente donde solo miramos la Fuente en todo y hacia donde volteamos, solo pensamos la Fuente en todo y para todo lo que planeamos. Esto es maravilloso y más que lo que te puedo platicar se requiere experimentar, pero a veces nosotros nos distraemos y el ego profana nuestro altar, se sienta en ese santo lugar y terminamos a su servicio, tomando actitudes pesimistas de derrota, de culpables o culpantes, de víctima o victimario, en fin, realizando únicamente cosas para complacer a nuestro ego. Aunque nunca lo podamos lograr, ese personaje se torna insaciable; sin embargo, eso no tiene por qué seguir siendo así.

Cuando era niña, en mi pueblo hacíamos unos juguetes. Algunos eran con palitos o muñecas de maíz, que se hacían con los elotes, que, cuando aún están muy tiernos, tienen unas cabelleras preciosas y son un buen elemento para jugar a las muñecas, pero nunca tales fabricaciones nos hacían desatender nuestras verdaderas responsabilidades, y es que tal vez como niños también era nuestro derecho jugar, sin embargo, lo hacíamos en algún momento libre y cuando la misión nos requería dejábamos los juguetes y nos volvíamos a la actividad correcta. Hubo ocasiones en que los juguetes se quedaban por ahí perdidos, pero nadie sufría por eso, fácilmente lo podíamos superar; creo que fue un aprendizaje para saber soltar, aunque hoy necesitamos ejercitar esta práctica con esa creencia o pensamientos que nos llevan a preocuparnos y enjuiciar; si estamos en el pasado estamos asustados, si estamos en el futuro estamos preocupados o ansiosos, si estamos en el presente estamos ocupados o en paz, ambas cosas son muy buenas juntas. Cuando estamos muy ocupados, pero sin paz, regularmente estamos fuera de tiempo y esos modos son peticiones de nuestro ego diciéndonos «no, es que recuerda que… pero sí… y luego ya ves que…»; cuando tú tienes claro quién eres y te habitúas a estar en el aquí y ahora, nada ni nadie te puede llevar a ningún lado que no comulgue con tu frecuencia. Si quieres, no me creas, mejor empieza a practicar y evalúa tus resultados.

Es un poco triste que, al no comprender que la buena nueva es un nuevo comienzo en la vida y un retorno al camino, sea confundida básicamente con religión y no se reconozca que es un acto de vida que contiene la base de una existencia en armonía, paz y prosperidad para la humanidad, pues su propósito como expiación es la base para su filiación, que se toma a veces muy a la ligera.

Todo esto es un principio de espiritualidad, ya que solo se puede comprender, mover y accionar desde el amor; sin embargo, al no comprender esto correctamente hemos solamente creado clasificaciones y divisiones. Se entiende que todo se fraccione para simplificar su estudio, mas no necesitamos ver esas divisiones como si fueran o tuvieran que ser para toda la vida o como si el amor se pudiera dividir, esa concepción de división no tiene nada que ver con el amor, sino con nuestro ego, que distorsiona la percepción; es imperante aprender a poner la mente al servicio del Espíritu Santo para poder manifestar nuestro ser en esencia, que es el amor.

La vida es una sola, es integral; si es vida es para vivirla en plenitud y abundancia, como el gran maestro nos explica en los diferentes textos sagrados, los mismos que después de diversos estudios hemos descubierto que son la base del desarrollo humano. Debemos ocuparnos de estar integrados y en la frecuencia donde comprendemos que todos somos uno, pues de algún modo entiendo que si tú lees esto con una mirada diferente a quien en verdad eres, tal vez llegues a sentir que no te cuadra mucho, que incluso no tiene sentido, pero si recuerdas quién eres y si ese ser lee estas líneas estarás entendiendo a la perfección y querrás que todo el mundo lea este libro, querrás ser parte de este nuevo mundo y poner tu colaboración, ese granito de arena que al unirse con muchos forma una playa.

Este libro busca evitar los hábitos o intenciones de juzgar, señalar, molestar o seguir dividiendo, lo comento porque ya lo hemos hecho en el transcurso de la historia con elementos que tenían un propósito muy elevado y que, al malinterpretarlos, distorsionamos su información y, por ende, nuestra formación o guía. Estamos en una experiencia humana, ocupamos nuestro manual, que está en los textos sagrados de las diferentes culturas, mas si nos seguimos dividiendo demoraremos la integración y la comprensión.

Tú eres un elemento muy importante en el gran propósito, tienes una hermosa tarea, muy elevada, para la cual requieres despertar y recordar quién eres para avanzar en tu tarea personal que termina siendo social (misión), que se conforma de dos partes: una que realizas dentro de ti (misión general) y otra que manifiestas afuera de ti (misión particular). No creas que es difícil, solo se torna difícil cuando, como ser humano integral y consciente, aún estás dormido o somnoliento, pero si ya te has despertado y te has ubicado en la frecuencia de quien tú eres, entonces verás que realizar tu misión se tornará sencillo y además te brindará gozo, por tanto, tu misión particular aflorará en tu vida claramente y serás consciente de ello, aprenderás a fluir como el agua de un gran río y así darás vida a todo por tu paso si cultivas tu conexión con la Fuente.

En los textos sagrados se nos explica que somos hijos del rey de reyes y reinas, ¿sabes?, y es que ciertamente nosotros estamos aquí para que se manifieste el reino del amor, ya que somos las partículas del Creador, pero ese reino tiene su origen en la Fuente y si nosotros, como partículas, nos desconectamos mentalmente, el reino se pierde. Cuando un reino se pierde todos sus habitantes lo padecen. Un reino es ese lugar donde el rey o monarca tiene total responsabilidad de dirigir, gobernar y trabajar la tierra asignada; en dicha tierra el rey o la reina, el director o el administrador, tiene privilegios y responsabilidades, e igual es el caso de nosotros en nuestra persona y sus extensiones, que son nuestra tierra asignada. También se nos ha explicado que el reino que venimos a manifestar es como una semilla de mostaza: parece algo imperceptible o diminuto a mediana distancia, pero, cuando se cultiva, se transforma en un árbol muy grande y es una fuente de gran prosperidad, que bendice sin medida.

Este reino es el reino del verdadero amor y tiene su origen en la Fuente y se manifiesta primero en nosotros, luego empieza a bendecir a los otros nosotros y entonces se expande, provocando un efecto cascada. Por ello, quienes ya están despiertos pueden percibir y proyectar de manera consciente, de modo que construyen el reino día a día al reconstruirse, reordenarse y reedificarse a sí mismos en todos los roles que se les haya encargado o hayan asumido, es decir, que consciente o inconscientemente hayan adquirido.

Una de mis experiencias fue aproximadamente a mis cinco años: mi conciencia estuvo despierta por un rato, creo que los niños mantenemos la conciencia despierta más tiempo que cuando nos sentimos adultos, pero en ese instante que decíamos «perdona nuestras ofensas como nosotros perdonamos» me vi en el techo del templo y a su vez me podía ver en el suelo, era como estar en dos partes, como la niña que era. Ese día me hice consciente de lo que repetíamos y por un instante me maravillé, «¡wooow!», expresé en mi mente, «todos ellos perdonan a los que los ofenden»; di un giro de 360 grados y al retornar a mi punto original vi a mis padres, que se hallaban delante de mí, entonces exclamé: «¡Estos dos no!», pues yo vivía con ellos y sabía cómo se trataban en medio de sus conflictos frecuentes por cuestiones del pasado o del futuro, así que, desde mi mirada, ellos no perdonaban, de hecho a nosotros también nos iba muy mal con los castigos de mamá y papá. Así que después de ese razonamiento o juicio, pues no estoy muy segura de que los niños hagamos juicios, creo que solo observamos y expresamos con honestidad, me miré a mí en mi corazón y me di cuenta de que yo traía conflictos con mamá, por tanto, todos recitábamos una oración como si todos perdonásemos las ofensas y yo también lo hacía, pero, reflexionando conmigo misma, me di cuenta de que eso no tenía sentido. Ese día noté que había cosas que me dolían y que no había perdonado, por ende, no podía seguir rezando así: mi razonamiento fue que lo que le estábamos diciendo a Dios con nuestras palabras y acciones era «no nos perdones porque nosotros no perdonamos», así que me decidí a poner manos a la obra y empecé a decir en mi oración «Padre, perdónanos y ayúdanos a perdonar a los que nos ofenden».

Quiero aclarar que nunca es mi intención animar a nadie a cambiar la oración que, hoy día, sé que es una enseñanza de Jesucristo para toda la humanidad, sin importar ideologías religiosas, género o preferencias sexuales, pues la salvación es para todo el mundo y lo que se requiere es despertar y reflexionar cada palabra del padrenuestro, cada acto que realizamos en nuestra vida y, cada vez que lo elijamos, darnos la oportunidad de observarnos y de escucharnos en las palabras y en los pensamientos y analizarnos con un propósito: buscar saber por qué y, especialmente, para qué decimos o hacemos lo que hacemos. De este modo, evaluar todo aquello que por años hemos hecho como humanidad, actos repetidos una y otra vez como por tradición, cuestionar a qué o a dónde nos llevan; entonces estaremos haciendo una introspección y nos podremos dar cuenta de que hemos estado actuando en modo robot, solo porque así nos adiestramos nosotros mismos en otros tiempos, fruto de haber estado viviendo con la consciencia dormida.

Aquí y ahora quiero recordártelo porque sé que en ti me lo recuerdo yo y viceversa. No fuimos creados para ser robots, por ello recibimos libre albedrío; fuimos creados para participar en la gran orquesta universal, pero no por obligación, sino por convicción. Sin embargo, cuando haciendo uso de nuestro libre albedrío elegimos mal, elegimos el ego, nos reprimimos a nosotros mismos en la subjetividad; recuerda que fuimos creados para manifestar nuestro Ser en esencia, pero, como lo hemos olvidado, usamos inadecuadamente nuestros poderes, inherentes a nosotros mismos, por ser partículas del poder creador, un poder que no se puede ver con los ojos físicos, aunque, quienes le creemos, lo podemos ver obrar y lo podemos sentir, además de que la metafísica, la física cuántica y la neurociencia hablan ya con mucha frecuencia de este gran poder. Descubrimientos como el bosón de Higgs y otros nos llevan a poder comprender mejor la manera en que está formado el mundo material, entre ello, nuestro cuerpo, y digo el mundo material porque hemos generado algunas ideas, como que sin esta partícula el mundo no sería como es, cosa que es verdad, y que nosotros no existiríamos; esto último yo lo cuestionaría un poquitín, debido a que no somos solo un cuerpo, sino seres espirituales en esta experiencia humana y más allá, nuestra esencia es Divinidad, es Amor. Es lo que éramos antes, es lo que somos y venimos a manifestar ahora y eso seremos aun después de esta experiencia humana, pues el resultado del experimento es muy claro, pero la interpretación de nuestra existencia, en algunos casos, se hace todavía desde la creencia de que somos solo un cuerpo; sin embargo, no hay ninguna intención distorsionada, es solo que aún no todos recordamos quienes somos en verdad.

El libre albedrío se nos dio con la finalidad de que nos supiéramos libres y decidiéramos libremente, sí, ser y manifestar nuestra grandeza, es decir, la de nuestro creador, ya que es a través de cada uno de nosotros y el resto de la creación que se manifiesta, o también se puede vivir en mediocridad, como consecuencia de estar en conexión con el ego y el mundo que, de manera inconsciente, vamos fabricando en colaboración con el ego, que nos hace creer que así somos. Por ello, recordar quiénes somos es imperativo, pues a través de nuestro libre albedrío nosotros elegimos buscar recordar quiénes somos y vivir desde nuestro ser manifestando amor o no.

La buena noticia es que en todo esto del libre albedrío hay algo maravilloso y es que, en cada quien y de manera individual o colectiva, podemos retomar el camino y nuestra relación personal con la Fuente, la Divinidad, nuestro Creador o como tú le llames. En el momento en que lo elegimos sucede como se narra en la parábola del hijo pródigo en los textos sagrados o como lo sentimos cuando escuchamos esa voz que dice: «levántate y anda».

Verás, observo mi propia vida, y al observar mi línea de tiempo y experiencia desde los cinco años a la fecha he comprendido muchas cosas; sin embargo, debo confesar que no estuve despierta en mi conciencia todo ese tiempo, ya que en una sociedad en que la frecuencia a veces cansa, da mucho sueño y volvemos a dormir. Muy pronto eso ya no será así, pero en mi línea del tiempo sí que me dormí y me generé algunas o, mejor dicho, muchas experiencias no gratas; sin embargo, en los momentos en que soy consciente de estar despierta me genero muchas experiencias bellas y me doy cuenta de tantos privilegios que tenemos los seres humanos. Siempre supe de la existencia de un gran poder y en mi proceso de vida he tenido la fortuna de conocerle más, comprenderle y hasta poder escucharle y sentirle; esto no te lo cuento en un afán de lucirme, sino de decirte que si yo pude, tú también puedes, solo sé consciente de que el gran poder, la Fuente, la Divinidad, Dios o como tú le llames al creador de todo cuanto existe realmente existe, y debo aclarar de una vez que no te estoy hablando de religión, mas sí de espiritualidad, es decir, la Divinidad no es religión, la Divinidad es Amor y quiere verte pleno o plena, feliz y en paz.

¿Sabes?, a mí me queda claro que la venida de Jesucristo al mundo fue para poner orden, también me queda claro cuando se habla de una segunda venida; el punto es que, si una persona proyecta el orden y empieza a ordenar las cosas para evitar complicaciones y reenfocar al resto en una proyección de resultado mayor, no solo respecto de la eficacia, sino de la eficiencia para la vida, esto se torna genial, y sería aún más genial si todos lo pudiésemos valorar y colaborar con ello; pero, dado que algunas personalidades del ego aún nos manejan, evitan, en muchos casos, que podamos entenderlo, entonces el desorden continúa y solamente con algunos que ya lograron entenderlo se sostiene un poco el orden, pero no se llega al orden real, y es que el orden es un principio para la prosperidad. Sin embargo, dadas las percepciones y las proyecciones que como colectividad generamos, todavía vamos de la luz a la oscuridad y viceversa, por ello es imperante despertar.

A veces cuesta aprender a vivir bien, dicen que a lo bueno nos acostumbramos muy fácil; percibo en la práctica que, por lo menos para una mayoría, esto o se cree muy complicado o pensamos que es falso, pues, según mi mirada, ya son muchos los años en que no echamos las raíces que necesitamos para poder florecer y manifestar de qué estamos hechos, y es que, si no sabemos quiénes somos y para qué estamos donde estamos, entonces ¡ni somos ni estamos! También los textos sagrados nos recuerdan que en Él vivimos, somos y nos movemos, por tanto, en desconexión, es normal que estemos muriendo, que no logremos ser y estemos paralizados, ¿verdad? No es que podamos salirnos del todo, ya que fuera del todo no hay nada, pero mentalmente podemos hacer cosas aparentemente imposibles, pues es mentalmente que inventamos el principio de escasez.

Aclaro que no tengo nada en contra de las religiones, reconozco que todas, por lo menos las que a la fecha conozco, y no dudo que las otras también, todas —según mi mirada— tienen un buen propósito, solamente que en el proceso de este caminar a veces el propósito se olvida, y la misma iglesia, es decir, la comunidad de que se trate, se confunde y los líderes religiosos (pastores o sacerdotes, etcétera) suelen no darse cuenta de tal cosa o no tener el valor para aclarar la confusión; a veces hay tanto miedo de romper la tradición que se nos olvida que lo más importante es la misión, y en otras ocasiones hay tanto ruido que el mensaje se distorsiona, por eso ya estamos entrando en los tiempos en que podremos tener muy clara nuestra intención y todo fluirá.

La norma de vida para el ser humano es muy sencilla; es la ley que rige todos los principios universales y la conocemos como la Ley del Amor o doctrina del amor, yo postulo que es la Ley de Leyes. Permíteme que te comparta una revelación: hace muchos años, en el sentir de mi alma, en un rincón a solas a través de una meditación, comprendí que Cristo es el amor de Dios hecho hombre y en Él está toda la humanidad. Podemos aprender de Él y retornar a nuestra plenitud total, por eso la doctrina del amor es el método para que la salvación llegue a todo el mundo, para poder comprender y aceptar la expiación en toda la humanidad y poder dar el siguiente paso hacia la filiación.

Por un inmenso amor toda la humanidad ya ha sido salvada de infinidad de penurias y creencias o ideas que limitan al ser humano, solo que, mientras algunos no lo sepan, no lo crean o, por el ego, no acepten dicha salvación, podría seguir el círculo vicioso de culparse unos a otros y a nosotros mismos, por tanto, sintiéndonos temerosos, excluidos y escondidos incluso de nosotros mismos, a la defensiva u ofensiva, sin saber quiénes somos y evadiendo la verdadera vida, exponiéndonos a seguir siendo marionetas del ego y posponiendo la plenitud humana.

¿Sabes?, creo que esto de la salvación ha sido como el juego del can-can: Jesucristo dijo «salvación por todos mis amigos» y los amigos que creyeron en su salvación ya han empezado a disfrutar de los privilegios, pero quienes no aún siguen esperando la salvación o escondiéndose de la vida, porque se tiene la creencia de que son perseguidos o que serán atrapados; es como el juego del coco que usan los papás para asustar a los niños, y mientras los niños no saben la verdad se asustan sin razón real, solo que aquí quien te asusta no es tu papá, es tu propia fabricación, o sea el ego, que es el generador del miedo en la humanidad.

Mas nada de eso es real, solamente es la proyección de la parte de la mente distorsionada; el mundo real es la dimensión divina donde, como seres divinos, podemos habitar, pero para eso necesitamos despertar, recordar quiénes somos, creer y trascender este mundo, que poco a poco hemos ido fabricando y yace lleno de conflictos y caos. Es tiempo de despertar y transformar; somos reyes y reinas, venimos a reinar, a brillar y alumbrar, nuestro reino está dentro de nosotros, pero ¿cómo puede alumbrar una conciencia adormecida? Por eso este es el tiempo de despertar, de asumir nuestro reinado y cultivar nuestra tierra, de aceptar que el juego ha concluido y que estamos salvados, y que ahora es el tiempo de reedificar. Los seres humanos, al igual que la gran empresa, se ocupan de reorganizar; es tiempo de hacer un análisis y evaluar cuáles creencias nos construyen, para usarlas, y cuáles nos destruyen, para transformarlas o desecharlas, pues hasta que eso no suceda seguiremos dejando que nuestras personalidades tóxicas hagan estragos no solo en nuestra vida, sino en la de los nuestros y en nuestra sociedad.

Recordemos que, si no sumamos, restamos, es la ley de causa y efecto, por ello el efecto de la causa que es que estemos dormidos se traduce en que vamos evadiendo responsabilidades, dejando la misión de lado y pisoteando nuestro poder, pues, a veces, siendo águilas, elegimos ser buitrecitos.

Desde la frecuencia de prosperidad lo tenemos todo, todo lo que requerimos o podemos requerir y más, el problema es que, al no estar en la frecuencia correcta, es como querer abrir una puerta con la llave equivocada.

Imagina que tienes frío y buscas un paño para taparte. Vas corriendo a tu casa y, luego de mucho intentar abrir la puerta, pues sabes que allí podrás encontrar con qué quitarte el frío, te das cuenta de que no puedes abrir, pero en el ínterin te la pasas protestando y pensando que no lo podrás resolver, que no hay manera de que te puedas cubrir, y el frío incrementa, entonces intentas encontrar otra formas para entrar a la casa y nada no logras nada y resulta que la llave, la traes en el bolsillo de tu pantalón, empero, por todo ese pensamiento distorsionado, no estás coordinando bien ni pensando correcta ni objetivamente. Después de intentarlo de muchas formas, por fin recuerdas o escuchas una voz que te dice «la llave está en el bolsillo de tu pantalón», y, en un ataque de histeria por el evento experimentado, exclamas «¡cómo voy a tener la llave en el bolsillo!», metes la mano en él, para demostrarte que no la tienes, y ahí está la llave, así que, en vez de decir «gracias», coges la llave y la llevas al orificio de la puerta, pero como en tu sistema de creencias aún está instalada la idea del problema y de que no te podrás cubrir del frío, metes la llave al revés, por lo que no encaja, y aprovechas para rezongar: «¿Ves? Ni siquiera es la llave».

Lugo de haberte cansado, enfriado tanto y de hacer rabieta, tienes dos opciones: seguirte martirizando o encender la lámpara de la fe. Una tercera opción es que, por lo menos, ya rendido ante la impotencia, puedas darle el valor de la duda, y entonces la expresión es «debe haber una manera»: vuelves a meter la llave y ahora en tu mente está la posibilidad de que esta vez sí funcione y ¡saz!, se abre la puerta. ¿Qué sucedió? El ego se aplacó una vez que te agotó, y fue ahí cuando pudiste escuchar la otra voz, la de tu intuición, la del espíritu, y elegiste tú, esta vez no fue tu ego. Tu sacaste tu medida de fe, es decir, actuaste diferente, te sobrepusiste a tus creencias limitantes y obtuviste como consecuencia un resultado diferente.

Así que, si así lo elegimos, podemos darnos cuenta de que la estrategia del ego es no permitirnos mirar hacia adentro (autoconocimiento) para no pararnos en la responsabilidad; sin embargo, esa no es la solución para terminar con la pesadilla, de hecho, esa acción agranda la pesadilla, por tanto, la solución es despertar y desarrollar una percepción correcta, que solo se puede desarrollar desde un punto, y es desde ahí que todo se puede corregir. Dicho punto es lo que inspira la acción que se muestra en diversas películas de niños, lo que viene a corregir todo es el acto del verdadero amor: la misión con la que toda la humanidad está en esta experiencia humana.

Esto se resume de modo práctico en «el amor es la solución al caos, sin importar del tamaño que se vea». En las películas el amor es lo que interrumpe el sueño y despierta a la princesa, el amor se manifiesta desde la Fuente a través del o los sujetos despiertos; este o estos, a su vez, despiertan a sus amados, y así el amor se va expandiendo, lo cual hace que todos puedan despertar —no solo en las películas y en la naturaleza, también en los textos sagrados escuchamos la palabra que nos dice cada vez: «es tiempo de despertar»—. En el caso de la historia de Blanca Nieves, también es el verdadero amor lo que la despierta; en el caso de la película *Barbie y el castillo de diamantes* también es el amor, a través de uno de sus frutos, conocido como amistad, lo que resuelve el conflicto que los antivalores o, mejor dicho, que el ego había generado; en la película *Frozen* también es el amor perfecto el que descongela el corazón de la princesa, y así, todo el reino es transformado por los actos y los pensamientos de amor de quienes manifiestan el poder, el poder desatado por la acción espontánea del ser de la hermana mayor, quien para entonces ya es reina. Esta historia me recuerda el asunto de la salvación o la expiación, ¿no les parece? También en la película *Moana* es a través de la mirada de amor que puede ver más allá del miedo y descubrir que el monstruo, en realidad, no es un monstruo sino Tefiti, el espíritu de la isla, que necesitaba ser despertado de la pesadilla al devolverle su corazón. Bueno, podemos encontrar en las historias infantiles —y en algunas no infantiles— infinidad de mensajes que nos indican la misión o la tarea que nosotros (todos) como humanidad, y por ser quienes somos, venimos a realizar. Se nos está recordando constantemente que no estamos aquí para ser esclavos de las circunstancias, sino que somos espíritus libres y dotados de enorme poder para transformar y trascender todas las circunstancias; no para sufrir por el mundo, sino para iluminar el mundo, que todo empieza por nosotros, que no requerimos culpables, solo asumir responsabilidades, pero no porque alguien nos esté insistiendo o sancionando, sino por convicción, porque el despertar, recordar quiénes somos y para qué estamos aquí, nos empodera para realizar nuestra misión. El estar realizando nuestra misión de manera espontánea por decisión y convicción propia produce en nuestro organismo endorfinas de manera natural y espontánea, que nos llevan a ser y estar más felices; entonces, empezamos a proyectar y manifestar paz, amor y prosperidad, porque eso somos.

De este modo, nos convertimos en parte de un círculo virtuoso que, al ir despertando a otras partículas (mujeres o varones), expande la energía de la que formamos parte. A esa fuerza creadora la humanidad le ha dado varios nombres (yo le llamo nuestra Fuente), es el Todo y universalmente le conocemos como Amor, Dios o creador, e incluso con otros nombres. Pero el nombre no importa, pues muchas veces mis conocidos, amigas o amigos y familiares, o hasta mi mamá, me han cambiado el nombre, pero sin importar cómo me llamen no dejo de ser quien soy, pues lo importante de mantener la conciencia de nuestra unidad y cultivar la relación con nuestro creador es que, como toda relación, cuando es plena bendice, solo que esta relación, a diferencia de las otras, es vital y siempre tendrá esa característica de ser una gran bendición, ya que la Divinidad y el ego no coexistirán jamás, y justamente al cultivar esa relación desde nosotros hacia esa gran presencia, más allá de credos y religiones, y desde nosotros hacia los otros nosotros, la causa del caos que esclavizaba a la humanidad se revertirá, dado que la Fuente, a través de nuestro gran maestro, nos instituyó en la doctrina del amor (ama a tu creador, ámate tú y ama a tu prójimo); en esto se resume todo, hoy podríamos integrar en el todo la antigüedad y la modernidad.

El amor es nuestra razón de ser y de estar, el amor nos creó, el amor nos nutre, eso eres tú, eso somos toda la humanidad, el plan del amor, así como la doctrina del amor y los principios universales, está subordinado al amor, porque el amor real lo es todo; sin embargo, al haber olvidado quiénes somos, nos ha pasado —como humanidad— lo que le pasa al enfermo de alzhéimer: todo se nos olvidó, todo nos irrita, nos ponemos muy sensibles, nos llegamos a sentir perdidos o caemos en la depresión.

Otro ejemplo son los enfermos de alcoholismo: en los casos en que padecemos esto no coordinamos las ideas, decimos o hacemos cosas sin sentido, sufrimos por las vivencias de nuestra vida, pero no tomamos acción para sanar o corregir las causas, alucinamos ciertas cosas normalmente trágicas, desarrollamos historias mentales que nos hunden más en nuestro problema, exageramos nuestras vivencias dolorosas inconscientemente, causándonos más dolor, y no podemos creer que no tengamos culpa, porque no alcanzamos a comprender la diferencia entre culpa y responsabilidad. Podemos tener todo para vivir plena y abundantemente, pero la toxina que se nos ha generado por las ingestas y las decisiones tomadas nos vuelve muy inconscientes e incongruentes y solo queremos tomar o dormir o pelear. Por momentos, creo que esa personalidad existe para mostrarnos nuestra inconsciencia, aunque a veces nos consideramos sobrios y decimos no tener esa enfermedad o vicios, en ocasiones actuamos como si los tuviéramos, y es aquí donde cabe la cuestión: ¿qué parte de mí es él o ella y qué me está mostrando? Es una cuestión que al ego no le agrada, pues el ego se deleita al hacernos creer separados no solo de la Fuente, sino de nosotros mismos y de los demás.

Es mi anhelo que todo el contenido que se expone en esta obra sirva para recordarme mi esencia en mí, en ti y en todos como humanidad, y que colabore en la recuperación de mi integralidad y nuestra conexión con la Fuente que es el Todo, que es quien nos creó y es de donde emana toda provisión en todos los aspectos de cada vida. Es tiempo de despertar, es tiempo de sanar, es tiempo de actuar, mas desde la esencia y no desde el miedo (todo el recorrido de autoconocimiento es personal), para que despiertes y recuerdes que en ti está todo lo que requieres para realizar esta hermosa misión, para que recuerdes que si no te sientes feliz es porque te has convertido en un esclavo de tu ego, pero no tiene por qué seguir siendo así. Nada ni nadie puede coartar tu libertad de ser quien eres, nada ni nadie puede coartar la plenitud que te da el estar en el camino realizando la misión hermosa que acordaste hacer, nada ni nadie puede coartar tu decisión de ser tú en esencia, en verdad.

Siempre he dicho que sin cuestión no hay diversión y ahora la cuestión es, ya sabemos, ¿quiénes somos?, ¿cuál es esa tarea que tenemos?, ¿por qué no la estamos llevando a cabo? Y, por último, ¿quién es el ego tan mencionado?

Somos seres integrales, conformados por espíritu, alma y cuerpo, somos el resplandor de nuestro creador, somos la creación, somos los hijos del amor real en espíritu y en humanidad; somos parte inherente del Todo y estamos en una experiencia humana, somos ciudadanos virtuosos, hombres, mujeres, jóvenes, ancianos, niñas y niños, todos dotados de grandes tesoros para manifestar, que se llaman virtudes, valores y dones o talentos.

La tarea que tenemos es mejor conocida como la misión, que es manifestar la grandeza de nuestro creador y expandirnos como lo que somos en esencia y en verdad (amor).

En muchos casos no estamos realizando dicha tarea o misión, porque nos encontramos dormidos como la gente del reino de «La bella durmiente»; como en las otras historias, quienes dormían no estaban haciendo nada, solo soñar, quizá con una pesadilla que se manifestaba en el entorno de la bella durmiente, por ello la apariencia poco agradable de su reino.

El ego es una fabricación (idea de separación) que cada ser humano realiza estando dormidos mientras vamos creciendo, apoyados por la familia y la sociedad, pero todo tiene su tiempo y el tiempo es ahora; es tiempo de despertar en la consideración de que la humanidad debe recordar nuestra esencia y nuestra misión, y creo que por eso es que hemos coincidido en este tiempo, que para esto estamos aquí, pues vivimos tiempos maravillosos, la era de la información, recursos que, si recordamos nuestra esencia y retomamos nuestra misión, son una mayor bendición. Por ello en esta obra te presentamos cinco fases, cinco pensamientos, cinco principios, cinco ideas, cinco maneras de ser, que como humanidad necesitamos recordar y ejercitar para despertar.

Este material me fue inspirado en el año 2018, después de dos viajes al extranjero, uno en 2017 y el otro en 2018, al darme cuenta de que, igual que en nuestro país, además de todo lo lindo que se puede apreciar, también en aquellos lugares hay personas que lidian con diferentes circunstancias que les duelen igual que a nosotros y que también se debaten buscando la mejor manera de resolverlas; igualmente van avanzando, en muchos casos a prueba y error, pues a veces falla la asertividad. Eso no es particular de alguna parte o cultura del mundo, sino de la falta de autoconocimiento y la creencia de separación que conlleva la división entre personas y la ilusión de escasez de uno u otros recursos. He podido comprender esos síntomas perfectamente porque también los he vivido, mayormente, en alguna etapa de mi vida.

Así, el hábito o la causa que nos aleja de la felicidad o la causa de los problemas aquí y allá tiene su aplicación en ambos lados y tiene que ver con la manera de pensar y de percibir las cosas, pues vemos cómo creemos y así proyectamos. Además, cuando estamos dormidos creemos que somos el cuerpo que duerme, el cuerpo que sufre, el cuerpo que hace, pero seguir pensando así sería como si pensáramos que somos el coche que conducimos y, sin embargo, tenemos en claro que el coche solo es un accesorio más, aunque importante para realizar nuestras actividades con mayor rapidez y eficacia, pero no indispensable. En muchos casos, adquirimos un vehículo en nuestra vida porque nos gusta o porque lo requerimos; asimismo, nuestro cuerpo es un recurso que requerimos para realizar esta experiencia humana, es parte de nuestro patrimonio: nos viene bien cuidarlo, respetarlo y reconocerlo, pero no estamos para complacer sus vicios. Por ello, es tiempo de retomar la encomienda de los antiguos sabios y volver a nosotros en verdad, ya que hemos pasado años construyendo relaciones hacia afuera de nosotros y es natural, porque tiene que ver con ciertos acuerdos interpersonales; empero, todas las relaciones interpersonales serán más sanas si aprendemos para recordar quiénes somos en verdad. De modo que, al recordarlo, nos daremos cuenta de que somos el sujeto en la oración y que sin la acción del sujeto simplemente no hay oración, por tanto, si la luz está en nosotros y nosotros nos hallamos apagados, es natural que creamos que existe la oscuridad como algo real.

He hablado de realidades catastróficas; muchas veces en nuestra propia vida y otras veces en nuestro entorno social, e incluso en nuestro propio mundo, percibimos una realidad catastrófica. Dicha realidad, por cultura y hábitos, nos lleva a buscar culpables afuera de nosotros, de modo que buscamos y si hallamos personajes a nuestro alrededor, ya tenemos culpables, pero si no los hallamos entonces los generamos; cualquiera de los dos casos no es tan genial, pues en los dos nos bloqueamos para llegar a la solución, y aquí surge una cuestión: ¿por qué hacemos esto? La respuesta es por una razón que nosotros mismos hemos fabricado. ¿Se llama «ego»? Y ¿para qué le sirve esto al ego? Muy simple: para evitar que nuestra luz alumbre bien, pues si lo hacemos nos daremos cuenta de lo poco o nada útil que es el ego y no le daremos ningún poder.

Los antiguos sabios decían «conócete y conocerás a Dios y al universo», pero la humanidad dijo «¡yo me conozco porque me veo!». Sin embargo, para ese entonces gran parte de la humanidad ya estaba dormida, ya pensaba que era un cuerpo, ya no recordaba su relación con la Fuente y ya estaba creando mucha distancia y separación.

La humanidad es muy vieja —vejez en la interpretación correcta no es despectivo, sino sinónimo de madurez en años, para las personas, y antigüedad para las cosas— y habíamos prolongado la adolescencia de conciencia, no porque no la tuviéramos, sino porque estábamos dormidos, por ello el tiempo más importante es ahora, es tiempo de despertar.

¿Por qué es imperante despertar como sociedad?

Porque el reino en cada partícula de la humanidad (hombres y mujeres) se está tornando muy complicado, escucho a las partículas comentando que la humanidad se halla perdida (virtudes y valores); porque las generaciones mayores, en vez de bendecir a las siguientes, inconscientemente, las estamos perjudicando con constantes juicios y percepciones distorsionadas; porque la humanidad parece estar empezando a creer en todo aquello que alberga el principio de escasez como algo real; porque la humanidad se está queriendo apagar; porque la humanidad, en algunos casos, se comporta de una manera distorsionada, mas no por culpa de alguien más, sino por nosotros mismos. Es como si no recordásemos ni un poquito nuestro origen; esto no tiene por qué seguir así, es tiempo de despertar.

¿Por qué se especula que las virtudes y los valores están perdidos?

Porque, al estar nuestra conciencia dormida, en algunos casos, no hay acción real por parte del sujeto; cuando el o los sujetos que somos —es decir, cada partícula de la humanidad o cada ser humano, para ser más específicos— estamos con la conciencia dormida, dejamos de cultivar nuestras virtudes, pues podemos pasar por cientos de experiencias humanas estudiándolas, pero si no las cultivamos y si seguimos creyendo que están separadas de nosotros, si no entendemos cómo y para qué suceden, es normal que no las manifestemos, y es que manifestarlas (con nosotros, con todos y todo lo que nos rodea) es cultivarlas, es lo que llamaríamos *la verdadera maestría del amor.*

¿Qué es conciencia?

Krishnamurti afirma que toda la sabiduría se encierra en tomar conciencia, y los textos sagrados nos recuerdan que la sabiduría empieza honrando al creador. En lo personal entiendo esto como realizar la misión, yo lo resumo en saber qué hacer y hacerlo, para lo cual debemos saber quiénes somos y manifestarlo, que es de lo que hemos estado y seguiremos hablando en este libro: ser en el hacer.

En este texto hemos hablado bastante de nuestro ser integral. Cabe resaltar que, así como en nuestro cuerpo contamos con anatomía, fisiología y morfología, en nuestra alma contamos con la mente, las emociones y la voluntad, y en nuestro espíritu contamos con la conciencia, la comunión y la intuición, y es desde el espíritu que entramos en esa comunión con la Fuente de la que tanto hablamos. Es a través del espíritu que podemos ser más intuitivos y asertivos, y es a través del espíritu que entramos en conciencia despierta; por eso, cuando estamos creativos verdaderamente, con la mente puesta al servicio del Amor, se dice que estamos inspirados.

Es por esta razón que algunos autores definen la conciencia como sabiduría y luz interior. El filósofo austríaco Karl Popper creía que la conciencia emergió con el lenguaje por la necesidad de comunicarse unos con otros. Es la última herramienta del proceso de evolución del *Homo sapiens*, que lo incita a ser consciente de sí mismo. La conciencia nace cuando el cerebro se da cuenta de sí mismo, decía Karl Popper, mientras que Friedrich Salomon Perls dijo que «Solo te ubicas en la vida cuando despiertas, caes en la cuenta y estás consciente».

En lo personal, creo que todos, en mayor o menor medida, tenemos aportes en relación con el tema, pues, aunque cada uno lo diga desde su percepción o perspectiva, estamos hablando de lo mismo. Yo defino conciencia como la claridad de proyección y percepción de los sentidos, es darnos cuenta y tomar acción en Amor, por ello comulgo con esa definición. Alguna vez escuché que conciencia es saber qué hacer y hacerlo. En los textos sagrados no se expresa la palabra *conciencia* como tal, sino que se nos hace alusión al conocimiento de la verdad, es decir, el verdadero conocimiento, y, de hecho, cuando el maestro les dice a los apóstoles «oren y estén despiertos», obviamente que no les hablaba de mantener el cuerpo eternamente despierto, sino de la conciencia, ya que, si no lo hacemos, la oración de la mente se distorsiona, pero lo que tenemos claro como sociedad despierta hasta el día de hoy es que todo cambia para mejor, en la medida en que llegamos a un despertar de la conciencia.

Como decía, considero que el conocimiento de la verdad está a nuestro alcance; ya lo tenemos a la luz del día en este tiempo, pero, por no recordar quiénes somos, seguimos esclavizándonos a nuestro ego, y de ahí a muchas cosas o circunstancias. Recordar quién eres te simplifica empezar a despertar tu conciencia; iniciar la misión es seguir despertando, mas cuando nos dormimos, la misión se para, y si no la enfocamos, cuando nos damos cuenta ya la soltamos y de nuevo andamos divagando.

¿Qué es despertar?

Despertar es abrir los ojos. En este caso no se trata de los ojos físicos, pues estos regularmente solo perciben igual que perciben todos nuestros sentidos físicos, y para una vida ordinaria quizá eso baste, pero esos sentidos para la misión que traemos no son suficientes, pues es lo que los textos sagrados dicen: ojos que no ven y oídos que no oyen, así se vive en el adormecimiento; sin embargo, al hablar de despertar nos referimos a abrir los ojos y los sentidos del espíritu, ya que nuestro creador es Espíritu y la única manera de retomar la relación con Él en nuestra mente y corazón es quitando las barreras que hemos levantado por miedo y por las diferentes circunstancias que nos han ido haciendo caer en el engaño del ego, que nos han llevado a generar, en algunas épocas, depresión y sueño profundo. Esto es normal como humanidad que se desenvuelve de manera dormida, sosteniéndose del juicio del ego que ejecutamos todos contra todos con la conciencia dormida.

La manera de despertar es recordar y darnos cuenta de que todas las barreras son absurdas e innecesarias, pues todos somos uno con nuestro creador y con cada partícula de su creación.

Cuando el despertar empieza, se activan nuestros sentidos espirituales (ojos, oídos, mente, emociones y voluntad), y entonces viene el discernimiento, ya que hoy en día vivimos en un tiempo maravilloso, estamos en la era de la información, pero sin discernimiento nos perdemos en la información, y si no recordamos nada seguimos lejos del conocimiento, pues en la percepción distorsionada nos alejamos de este, mientras que en la percepción correcta nos acercamos, mas esta última percepción solo se puede tener desde la sintonía que nos da la comprensión de la Ley del Amor, que se explica claramente en la doctrina del amor y que me atrevería a decir que son los tres pasos básicos para una correcta percepción.

Primero: necesitas ver la luz, voltea hacia la luz, mira a lo alto (ama a tu creador).

Segundo: mira tu interior, recuerda quién eres y manifiéstalo contigo (ámate a ti mismo).

Tercero: relaciónate con tu prójimo desde tu ser (ama a tu prójimo como a ti mismo).

En resumen, estos tres pasos nos llevan a mirar y a reconocer a nuestro creador con todos los sentidos de nuestro ser integral, a amarnos en nosotros y a relacionarnos de manera virtuosa con nosotros mismos, reconociéndonos y amándonos en nuestro prójimo, y a reconocer que todos somos parte del Todo y que, mientras sigamos haciendo divisiones, estamos buscando absurda e inconscientemente separar al amor, que lo es todo. Obviamente, esto es un absurdo de la mente inferior tomada por el ego, pues el amor no se puede dividir, solo se puede expandir; esa es una realidad que desde el ego no se puede concebir, pero desde los sentidos del espíritu es muy clara.

¿Cómo es una sociedad despierta?

Una sociedad con la conciencia despierta es aquella donde cada individuo sabe quién es, se mantiene conectado a su fuente a través de una relación personal e interpersonal, se reconoce en su fuente, en él y en cada miembro de la humanidad (prójimos) y manifiesta sus virtudes, dones y valores, y al hacerlo vive en paz, creando prosperidad.

No tiene necesidad de juzgar, ya que sabe que su misión no es ser juez, sino su esencia (amor), y como amor no solo se respeta a sí mismo, también respeta todo, al saber que todos somos uno mismo y cuáles son sus poderes para proyectar, que usa en amor y con responsabilidad.

¿Cómo se puede uno dar cuenta de que se está con la conciencia dormida?

Cuando estamos viviendo en pesadilla y tenemos muchas quejas, todo o gran parte de las cosas nos parecen caóticas y vivimos estresados, cansados, preocupados y con miedo, vemos el mundo caótico, hostil, etcétera, percibimos solo problemas y no vemos salidas ecológicas.

¿Qué es lo que la humanidad necesita para despertar y para qué?

Para despertar la humanidad debe recordar nuestra esencia. El recordar quiénes somos nos permitirá retornar a nuestro interior para conectar con la Fuente y empezar a manifestar nuestro ser y recibir su amor, para lo cual debemos empezar a darlo y aprender a recibir verdadero amor, creer que lo somos y que lo merecemos en nosotros como en todos los demás; perseverar en el autoconocimiento y, ya con el conocimiento de nuestro ser, abrirnos a ser manifestadores y solucionadores de circunstancias, no para los pobres o los ricos, no para los buenos o lo malos, no para los hombres o para las mujeres, no para los niños o los ancianos, no para los más necesitado, sino para nosotros en todos ellos y desde nosotros para todos, porque todos ellos y nosotros somos uno mismo, uno mismo con la creación, uno mismo con el creador, y fuera de ese todo te prometo que no hay nada más.

Debemos despertar para dejar de pedir un cambio y ser parte de la transformación que requiera cada cosa, persona o lugar.

CIUDADANOS VIRTUOSOS

Ciudadano: adjetivo, persona que vive o ha nacido en una ciudad.

Virtuoso: adjetivo, [persona] que tiene virtudes.

Recuerda, tú eres una persona virtuosa con una hermosa misión, y para retomarla necesitas ir adentro, a tu interior, retornar a tu origen, y desde ahí podrás conocerte mejor y, en verdad, observarte sin los juicios aprendidos. Ábrete a esta posibilidad de conocerte más y mejor, si eliges hacerlo te podrás ver como el ser que eres en totalidad: pleno y completo. Entonces verás que no viniste a sufrir ni necesitas recibir nada, te sorprenderás de todo lo que puedes manifestar; de este modo podrás dar de ti a través de tus dones, virtudes y valores, y así conocerás la total verdad y te sentirás libre.

¿Te imaginas amándote más, desarrollando tu comunicación, tu relajación, tu fe, todo esto a través de tu simple respiración y acción en todo tu quehacer?

¿Te imaginas siendo más amoroso o amorosa contigo mismo, contigo misma, por ejemplo, practicando la honestidad, la comprensión, el reconocimiento, la tolerancia, el optimismo, el compromiso, la disciplina, la pasión, la aceptación?

¿Te imaginas ubicando tus virtudes, practicándolas contigo misma o contigo mismo (prudencia, templanza, justicia y fortaleza), en la conciencia de que todo empieza por nosotros, y después en y con los otros nosotros? Somos un todo y empezar por uno mismo es el comienzo de una gran vida.

¿Te imaginas como empresario con la conciencia despierta, orientando a tus colaboradores en esta frecuencia, emprendiendo y sirviendo en la conciencia de un mundo ilimitado e infinitamente próspero donde tu placer es servir? Puedes observar cómo el universo responde al eco de tu vibración, tú no persigues clientes, solo te das a conocer y tus clientes te buscan, te eligen en ti y en otros y a todos les va muy bien.

Hay empresas muy productivas, hay familias muy acaudaladas, pero no alcanzan a conseguir la plenitud de la paz y sin paz no hay prosperidad real, este es un nuevo tiempo y es tiempo de despertar. Los colaboradores y los patrones pueden formar círculos virtuosos. En eso nos debemos enfocar.

Ciudadanos virtuosos es el título que le hemos dado a este material porque, COMO SOCIEDAD DESPIERTA, consideramos importante recordar y recordarnos unos a otros nuestra esencia, y este apartado responde a la pregunta existencial: ¿quién soy?

La primera vez que se expuso este tema públicamente fue en la ciudad de Xalapa, en Veracruz, México; soy fiel creyente de los textos sagrados en todo el mundo —por eso, a lo largo de esta obra encontrarás algunas citas—, he descubierto que todos estos textos nos recuerdan nuestra esencia y nos dan buenas noticias todo el tiempo para toda la humanidad, eso mediante un requisito: hay que interpretarlos en amor, pues estos fueron dictados en amor, desde el amor y para el amor, solo hay que discernir. La Divinidad habla más allá de las letras y recuerda que todo pensamiento elevado viene del creador, para lo cual es necesario que tengamos claro que somos sus partículas, su creación, es decir creación del Amor y, por ende, también somos amor, que el Amor lo es todo y fuera de Él no hay nada, de otro modo ¿cómo podríamos saber si estamos interpretando en amor o si el mensaje que damos es en amor? Afortunadamente, estamos en una era en que todo es cada vez más claro y la gran mayoría ya empezamos a recordar.

Como dice en Tesalonicenses 5:23, «Y el Dios de paz os santifique completamente; para que vuestro *espíritu, alma y cuerpo* sea guardado entero sin reprensión para la venida del Señor nuestro». Esta cita, por ejemplo, nos recuerda una vez más que somos espíritu, alma y cuerpo. Se trata de una plegaria para que nuestro ser integral se mantenga santificado completamente y hasta hoy así es, obsérvese que dice «el Dios de la paz», que se refiere a nuestro creador, y si nosotros queremos estar en comunión con Él, la Fuente de la paz, debemos querer estar en paz y ser la paz, esto es, ser conscientes de que estamos en Él y querer ser su presencia donde sea que estemos. También se habla de la venida del Señor, en este caso se refiere al amor de Dios hecho hombre, a Jesucristo, pero lo citaremos siempre como el amor, y es que en él somos todos nosotros uno con nuestro creador, porque el Padre, el Hijo y el Espíritu Santo son uno mismo y el Todo, y nosotros en Jesucristo, indistintamente de la denominación religiosa que tengamos o a la que hayamos elegido pertenecer, e incluso si no tenemos ninguna y nos decimos ateos, igualmente pertenecemos a ese Todo que es el amor; vale la pena recordar siempre que la Divinidad es Amor y está en todos lados.

La religión es un conjunto de creencias, costumbres y símbolos en torno a una idea de la Divinidad o lo sagrado, son prácticas de tipo existencial, moral y espiritual. Esto no está mal, solo evitemos quedarnos en la idea o perdernos en costumbres ritualistas o en los símbolos, ya que debemos ir más allá. No se construye una relación con una idea: la idea te puede servir para iniciar el camino, pero el camino te lleva a un lugar; la misión está más allá de una simple idea. La misión tiene un propósito real, un propósito de verdad. El amor se manifiesta mediante la apertura del sujeto, pues para que una relación se dé en la frecuencia del amor debe ser espontánea y por convicción. Pongamos un ejemplo sencillo: siempre está en el día a día la oportunidad de dar los buenos días o una sonrisa a quien camina por tu paso, o a los que se encuentran en tu grupo de WhatsApp, pero solamente si el saludo es espontáneo y por convicción tiene ese impacto sanador y despertador. Así también queda expresado el poder de la intención, que va implícito en todas y cada una de las acciones del sujeto, y es así como se forma la verdadera oración, que, como verás, no es exclusiva de religiosos o de oradores, sino de toda la humanidad, ya que todos estamos orando de una u otra manera, el asunto es que, si no lo hacemos en amor y por convicción, se distorsiona la intención. De ahí la importancia de recordarnos unos a otros y tener despierta nuestra conciencia.

Ahora, volviendo exclusivamente al tema de *ciudadanos virtuosos*, como decía, este me resonó de muchas maneras en mi mente, en mi vida, en algunos viajes y en algunos momentos en que reflexionaba por determinadas circunstancias en el entorno social y, generalmente, en la humanidad. A veces soy consciente de que pienso y de lo que pienso, a veces no, pero me gustae pensar cuando lo hago con propósito, cuando lo hago de manera consciente. Este tema se estuvo procesando por algunos años; sé que suena increíble que en conciencia infinita ya lo sepamos y que a veces pasan muchos años y no recobramos la memoria de nuestra verdadera identidad: fue el 25 de julio del año 2019 cuando por primera vez se presenta el tema *ciudadanos virtuosos* en un evento público, aunque ya estaba presente en mis pensamientos de modo previo el contenido para impulsar el despertar de la conciencia, empezando por el autoconocimiento, que ocuparía todo la primera fase; en momentos pensaba que no se requería tanto.

Lo que finalmente me motivó a plasmarlo en una propuesta, (que al principio no tuvo respuesta y que, a pesar de eso, se hizo pública), fue el escuchar diversidad de quejas y juicios, demasiada preocupación, y ver las consecuencias de todo ello. Después de que se presentó sí que hubo respuestas, con respuestas objetivas, propositivas, y también algunos cuestionamientos. Algunas de las personas que me compartieron el estar felices y agradecidas de haber recordado quiénes eran se han sumado fehacientemente a la misión, al empezar a ver resultados en sus propias vidas a los pocos días de escuchada la plática e iniciada la práctica. Para hacerlo no requerían otra cosa que creer, como consecuencia de creer empezaron a pensarlo, al pensarlo las acciones empezaron a fluir; por otra parte, ciertas personalidades en algunas personas cuestionaron diciendo «cómo puedes decir que todos son ciudadanos virtuosos, eso es absurdo, mira que esto, mira que aquello y lo otro, mira que Fulanito, Zutanito y Perenganito», a lo que yo respondí: «Sí, también ellos son ciudadanos virtuosos, solamente que aún no lo saben, porque no lo han recordado». Pero hay algo que no había comentado, y es que si tú no puedes creer que todas son personas virtuosas, eso es muy respetable, pero tú no puedes ser tan virtuoso solo en ti, ya que, para conseguir tu totalidad, necesitas sanar en los demás, y digo sanar por la situación que expongo en el síndrome del alcohólico, pues somos totalidad, y mientras falte alguien no estaremos completos, por eso la doctrina del amor dice «ama a tu prójimo»; no te da características especiales ni específicas, porque se refiere a la totalidad.

Bueno, retomando los orígenes de este proceso para el despertar de nuestra conciencia, unos meses previos a la presentación pública de *Ciudadanos virtuosos*, las bases del tema se compartieron con un grupo de mujeres virtuosas. A muchas les resonó la identidad de inmediato, otras cuestionaron el título por relacionarlo con religión o con virginidad, otras más lo empezaron a practicar de manera consciente. Después de la primera conferencia hemos podido apreciar muchas cosas maravillosas, es muy gratificante cuando nos damos cuenta de que cada día son más las almas que buscan vivir paso a pasito en conciencia despierta y que sus circunstancias cada vez las manejan menos, pues ahora son personas más conscientes de su esencia y tienen más recursos claros para asumir sus poderes y gestionar sus emociones y pensamientos para una vida que valga la pena vivir. De este modo, cada una de ellas se vuelve una preocupación menos en la sociedad, ahora nos estamos transformando en personas que aprovechamos todos los recursos que ya poseíamos. Nos hemos dado cuenta de que, al no recordar quiénes éramos, estuvimos posponiendo nuestro reinado y el cultivo de nuestra propia tierra, pues antes lo más práctico y cómodo era sufrir. Ahora, en todas esas personas sabemos que el sufrimiento es innecesario, y si nos lo permitimos también podemos ubicar de dónde viene, cuándo y cómo gestionarlo.

«Si cada individuo en el planeta hace su parte de responsabilidad en conciencia despierta, la tarea de la humanidad estará completa». «Todo empieza por mí».

> Bueno ya sabes lo que como ciudadanos virtuosos nos venimos recordando es que somos seres espirituales en una experiencia humana y no seres humanos con experiencias espirituales esporádicas o tradicionales de vez en cuando. Este es el tiempo, tiempo de despertar (Romanos 13:11).

Cuando estudiaba en la universidad, los economistas en los libros me decían fuertemente que la pobreza se combate con desarrollo humano, entonces yo cuestioné por qué los políticos y las autoridades no implementaban el desarrollo humano como parte de las materias básicas de estudio, si he escuchado que les urge erradicar la pobreza. Me di cuenta de que ahí había un área de oportunidad, luego también pensé que, aunque no haya una materia como tal (en mis tiempos), yo sí que había percibido algo de esto a través de los libros, pues los libros de ciencias naturales me enseñaron muchas cosas, y aún recuerdo el experimento del agua, el sol y el espejo para ver el arcoíris o el de los pozos petroleros (con aceite, agua, globos y popotes), igualmente recuerdo con claridad mi esquema de los componentes básicos de la oración (sujeto, verbo y predicado), y a través de los libros de historia pude darme cuenta de que la historia es como cada quien la cuenta, pues al ir leyendo diferentes autores puedes notar que la perspectiva cambia; hoy sé que es por la perspectiva que no todos vemos las cosas igual, y es que no todos tenemos las mismas creencias. Hay quienes ya van botando sus creencias limitantes y hay quienes siempre han tenido creencias de verdad, el punto es que todo lo que vivimos, si lo reflexionamos y lo cultivamos desde una conciencia despierta, es decir, desde nuestro ser, nos suma para recordar-comprender y trascender: todos vivimos o experimentamos a través de nuestros sentidos, tanto físicos como espirituales, y se trata de elementos que, si los percibimos de manera correcta, nos sirven de base para impulsar nuestro desarrollo humano, en nosotros y en los otros.

Creo que el desarrollo humano es tan importante en la vida de cada ser humano que no requiere ser obligatorio, sino espontáneo. No venimos a que nos digan cómo trabajar nuestra tierra, venimos a dar y recibir amor. Siendo niños recibimos instrucciones de papá y mamá porque nos aman y los amamos sin interferencia de nadie, pero ya estando un poco creciditos hemos fabricado un ego, y cuando otro ego nos da órdenes empieza la lucha de egos y no nos desarrollamos ni evolucionamos, porque se crea un ambiente inapropiado, pero si alguien en amor nos recuerda cosas que son importantes para nuestro desarrollo como seres integrales, y usamos ese recurso a nuestro tiempo y por nuestra decisión, todo cambia, porque cuando no recuerdas dónde dejaste las llaves y alguien que las observa te lo recuerda es un gran alivio, y con la conciencia despierta sí que lo agradeces, ¿cierto?

Bueno, pues es así que como ciudadanos virtuosos necesitamos florecer; por convicción, nunca por obligación. Cada paso que el ser humano da en pro de nuestro desarrollo humano es un acto de verdadero amor, si todos llegamos al punto de estudiar para recordar, para comprender y trascender, entonces todo será trascendido, nos daremos cuenta de que no venimos a combatir nada, sino a ser transformación en acción, a ser el resplandor de la fuente, y de este modo se cumple el mensaje en nuestro manual de vida que nos recuerda, en Génesis 4:7, «Tú tienes todo para trascender», y cobra todo su valor la frase de Antoine de Saint-Exupéry, quien dice que «Si queremos un mundo de paz y justicia debemos poner la inteligencia al servicio del amor».

Un día reflexioné sobre qué era el desarrollo humano y su profundidad, así que llegué a la conclusión de que si solo fuésemos un cuerpo, nuestro proceso de vida sería el de todo ser vivo (nacer, crecer, reproducirnos y morir), pero sentía que había algo más, pues yo, como campesina, crecí con la naturaleza y siempre observé que dentro de ese ecosistema la única especia que hacía o se hacía sufrir éramos, en diversas ocasiones, nosotros los humanos.

Estudié en la universidad a la edad de 35, fue entonces que las circunstancias me llevaron a recordar que tengo una misión, y para ello debía recordar muchas cosas; en ese entonces no lo expresaba como recordar, pero sí como prepararme para la misión. Aún no estaba muy clara mi misión, aunque lo que sí estaba claro era que debía prepararme. Y tú ¿crees que debes prepararte más? Como ya comenté, los economistas me hablaron fuertemente, o será que yo les puse atención a sus letras; bueno, no importa, el punto es que me recordaron que había una manera, como ellos decían, de «combatir la pobreza», a través de las vivencias, la meditación, la contemplación y la reflexión. Hoy he comprendido y estoy cien por ciento convencida de que no venimos a combatir nada, sino a trascenderlo todo dentro de esta experiencia humana, por tanto, he rediseñado el mensaje cuidando su esencia, y mi postulado es que «la pobreza se trasciende con desarrollo humano». Así que, desde mi mirada, el primer paso en el desarrollo humano es el autoconocimiento. Como ya mencioné, es la encomienda de los antiguos sabios, a eso se referían con el «conócete a ti mismo».

Ahora bien, algo muy relevante que descubres en este camino es que, así como tu cuerpo está conformado por nueve sistemas, tú y yo estamos conformados por tres elementos, que son espíritu, alma y cuerpo. En nuestro espíritu yace nuestra perfección perfecta, por ello no tiene sentido que nos la pasemos diciendo lo imperfectos que podemos ser, sino que debemos enfocarnos en lo perfectos que somos y en la perfección que venimos a manifestar; ese es un gran comienzo, créeme.

En nuestro espíritu tenemos la conciencia, la comunión y la intuición, es aquí el lugar donde estamos en la frecuencia del Cielo; cuando así lo decidimos, en esos momentos nuestra alma se encuentra iluminada y nuestras decisiones son asertivas, nuestras miradas, conscientes y nuestras percepción y proyección, correctas.

En nuestra alma se encuentran la mente, las emociones y la voluntad. En la mente se guardan las creencias y se procesan los pensamientos, mientras que las emociones dan ímpetu a los pensamientos y la voluntad da dirección. Nuestras emociones son activadas por los pensamientos que se generan en nuestra mente; si el pensamiento es objetivo aparece entusiasmo y alegría, mas si el pensamiento es subjetivo aparece tristeza, resentimiento, amargura. Nuestra mente se la pasa creando, somos creativos por naturaleza. Nuestra mente no puede parar, a lo mucho puede disminuir su actividad, pero nunca podrá parar; consciente o inconscientemente, siempre está actuando y nosotros la dirigimos; es como un caballo brioso: una vez que lo montas y lo echas a correr, o lo sujetas bien o te va a hacer sufrir un buen rato, hasta que logres tranquilizarlo un poco y dirigirlo de manera correcta.

Ahora bien, es importante tener en claro que los pensamientos generan acciones y las acciones, vida o algo diferente, por ello la importancia del autoconocimiento. Quizá tú digas «bueno, sí, los pensamientos se generan en la mente, pero ¿de qué depende que sean de un modo o de otro», pues de nada menos que de las creencias, por lo que, si tus creencias sobre ti mismo o misma son que eres una víctima, tus pensamientos y tus emociones te victimizarán, victimizarán a otros o te victimizarás a través de otros; es así que creamos realidades trágicas en nuestro entorno, debido al miedo que generamos por las creencias de separación que nos hemos instalado, en colaboración con el ego, mediante nosotros mismos a través de la familia, el grupo, la sociedad o la cultura. Aquí es donde la voluntad, en una decisión correcta, hace la diferencia, y un segundo basta para cambiar. No te preocupes si te dicen bipolar, es de sabios cambiar de opinión, si no estás en la frecuencia y la percepción correctas y consideras que te vendría bien el silencio, date tu espacio, o si lo que requieres es colaboración de un especialista —psicólogo, coach, médico u otro profesional—, no lo dudes, párate por ti en responsabilidad, busca apoyo para ubicar la creencia distorsionada, transfórmala y da la vuelta; te sorprenderán los beneficios que, en esos casos, produce en la vida un cambio de dirección. Algo que recordé y me quedó muy claro cuando estudiaba programación neurolingüística es: «Si tu creencia te impulsa, cultívala; si te limita, deséchala».

Por lo antes expuesto, y desde mi perspectiva, considero que la voluntad, las emociones y en general la mente se deben ejercitar conscientemente, las creencias se necesitan evaluar y los pensamientos se deben observar.

«Que tus creencias comulguen con la Fuente y no con el ego», párate en amor para generarlas, recuerda que tus creencias crean pensamientos y tus pensamientos, experiencia humana. Ojo, no te olvides de que tu sistema de aplicación reticular es como tu guardián del cerebro: solo dejará entrar información que comulgue con tus creencias. Si tu ego interviene en tus creencias, te generará un caos, y eso no tiene que ser así; acude por consejo al amor, camina por el camino de la verdad, busca la verdad, que es el amor mismo y está en ti y contigo todo el tiempo.

Como ya he dicho, todo empieza por nosotros, pero no termina con nosotros, por ello no basta con solo pensarme y verme grandiosa; esa es la primera parte, mientras que la segunda parte tiene que ver con aprender a verme grandiosa en los demás y en la creación, ese es el gran propósito del despertar: poder ver con claridad, poder ver de manera consciente a toda la gente.

Para dirigir nuestros pensamientos a través de nuestra mente usamos nuestra voluntad, mas generarlos y recaudar los insumos necesarios también requiere de la voluntad, y cuando ya están generados dichos pensamientos, usamos nuestra voluntad para ejecutarlos, apagarlos o borrarlos; todo esto lo hacemos en un tiempo tan inmediato como la espontaneidad, esto sucede todo en el tiempo real, por eso, al no ser conscientes de nuestros poderes, a veces los llegamos a usar mal, incluso inconsciente generamos realidades un poco desagradables, y es que cuando nos abastecemos de insumos para generar pensamientos podemos hacerlo en amor, de la mano del espíritu, o sin amor, de la mano del ego, es así que en cualquiera de las dos formas generamos una cosa, una vida, una experiencia, un entorno o un mundo.

Cuando tenemos voluntad propia, que debería ser siempre, aunque parezca extraño, la llegamos a perder, y, tomando en cuenta que es a través de ella que usamos nuestro libre albedrío, es importante cuidar de ella y ejercitarla. En ciertas enfermedades emocionales o traumas, perdemos la voluntad y, con ella, el manejo de nuestra propia vida, por eso es muy importante cuidar la salud mental y emocional, y no hay mejor manera de hacerlo que desde el amor a nosotros mismos. Debemos tratarnos bien; como dice nuestro querido amigo Laín García: «Tratarnos bien permite a nuestra alma expandir sus alas y poder volar». Si nos tratamos amigable y amorosamente, practicando los valores y reconociendo las virtudes en nosotros, así como valorando y agradeciendo nuestros talentos, ya estamos haciendo una buena parte; si aunado al buen trato hacia nosotros cultivamos la relación con nuestra fuente, escuchando y contemplando desde nuestro ser, estamos haciendo la mejor parte. Cuando escuchamos aprendemos, cuando contemplamos comprendemos, ambas cosas son muy importantes.

Cuando decidimos en el corazón y declaramos con nuestra boca y nuestras acciones que deseamos poner nuestra mente o nuestro ser al servicio de ese gran poder creador es más práctico ejercitar la voluntad. Ejercitamos la voluntad también a través de ayunos, a través de ubicar los placeres más anhelados y evitarlos de vez en cuando, también cuando incluimos de vez en cuando en nuestra dieta algo que hace muy bien a nuestro organismo pero no nos gusta, buscando aprender a degustarlo. Yo lo he llegado a hacer en los ayunos con algunas comidas con carne que incluso preparo para mi familia, pero no permito comerlas por determinados períodos programados; también lo de degustar algunos vegetales que antes no me gustaban, que además hace que mis hábitos se transformen agradablemente. Cuando era jovencita, mi papá nos aplicaba una disciplina algo parecida, por ejemplo, íbamos a una fiesta y nos prohibía bailar, por tanto, cuando iban a pedirle permiso él decía que sí, pero sabía que nosotras, aunque tuviéramos muchas ganas de bailar, diríamos que no, o, ya viéndonos listas para ir a la fiesta, a la cual él comentaba que habíamos sido invitados, a la hora de salir nos decía «ustedes no van, ustedes hoy se quedan». Bueno, en su momento llegamos a pensar que era injusto, sin embargo, con el tiempo veo que fue un buen entrenamiento. Considero que «nadie debe ser dominado por nadie más, solo por sí mismo».

Un día leí que a los hijos que nunca se les niega nada les cuesta más manejar los conflictos y la toma de decisiones. Creo que no tiene que ser así si aprendemos a entrenarnos, pues no todos tenemos los mismos privilegios en cuanto a la manera en que nos educan nuestros padres. Aunque algo sí podemos tener en claro, y es que todos los papás conscientes educan en amor, y eso es lo más grande, y lo valoramos. Como padres, a nosotros nos corresponde cuidar de siempre hacerlo así y no dejar que el ego intervenga, pues de hacerlo podríamos educar en miedo, en vez de en amor. Cuando te das cuenta de que puedes actuar con una voluntad bien dirigida, te es más fácil hacerte de buenos hábitos.

Con la voluntad dormida y en manos del ego nos convertimos en marionetas, pero ya no tiene que ser así. Recordemos siempre que el ego es una fabricación nuestra, que no tiene ningún control sobre nosotros si recordamos quiénes somos, ejercemos nuestra voluntad y ponemos nuestra mente en orden. También recordaremos que en conciencia infinita lo sabíamos todo, por ello, en esta experiencia humana, si nos lo proponemos, lo podremos recordar, solo que para tener acceso a todos los recursos debemos tener en claro para qué los vamos a usar. En esto, el ego siempre quiere aconsejar, ¿has escuchado decir frases como «si yo me sacara la lotería, lo compartiría con los pobres»?, y luego no se la saca, pasa algo: no necesitas darles dinero a los que llamas pobres, necesitas, más bien, empezar a mirarlos como son. No son pobres, solo han elegido vivir diferente a ti; si ves que no comen, comparte con ellos comida, si sabes que quieren estudiar, comparte con ellos becas, si sabes que viven en oscuridad, compárteles la luz de la verdad. Te comparto algo: todo tenemos diferentes pruebas y a todos se nos proveen maneras de resolverlas. Cuando aún no llegan las maneras es porque la prueba todavía te está perfeccionando; no bajes la guardia, mantén la fe, cultívala, y en el momento perfecto la solución se manifestará.

Por ello, en la medida en que estudiamos en ese proceso que llamamos aprendizaje, ya sea en la escuela de educación profesional o en la escuela de la vida, lo que estamos en realidad haciendo siempre es recordar u olvidar. Quizá te preguntes cómo podría olvidar al estudiar; pues mira, todo depende de si eres consciente de que eres amor y desde esa perspectiva correcta buscas comprender para trascender, comprenderte, tú en ti y en absolutamente todos y todo lo demás.

Recordemos que todos somos tú y tú eres nosotros, debes comprender tu entorno y darte cuenta de que tú eres la medicina, pero no tú como partícula solita, sino tú como totalidad, pues en la totalidad ya no soy ni yo ni tú ni la Divinidad, somos nosotros todos uno mismo y entonces ya no necesitamos nada, sin embargo, simplemente queremos bendecir, compartir, expandirnos y no requerimos adversidad para dar demostraciones que llenen nuestro ego, sino que esto se convierte en una acción constante por el placer de ser. Si vemos plenitud nos gozamos, sabemos que también somos nosotros en esa presencia; si vemos adversidad, la sanamos, sabemos que somos nosotros en esa circunstancia; si consideramos que algo puede hacer bien en ese lugar, lo generamos, sabemos que es una oportunidad para sembrar más de nuestra esencia en una planta, en un lugar, en una persona, en una familia, en un negocio, en una institución, una empresa o una sociedad, donde sea, sabes que puedes dar, porque eso es lo que siempre hace la Fuente. Quizá te cuestiones en una de esas ocasiones, «¿cómo es posible que siga dando y dando si nunca se me devuelve lo dado?», pero si observas, el universo te mostrará que él ya tiene la orden, todo lo que das te será multiplicado, pero hay una condición: nunca esperes que así sea, porque la Divinidad es la fuente infinita que jamás se agota, al contrario, entre más da, más se expande; lo que a nosotros como partículas nos agota es la creencia de separación y de necesidad.

Cuando encuentres oportunidad de compartir, si compartes esperando que te devuelvan lo dado, mejor no compartas nada. El compartir no espera ni recompensa ni devolución, al contrario: cuando compartes, tu recompensa está en la sonrisa o en la paz de ese corazón aliviado. Prestar es un asunto diferente, por ello algunos textos sagrados nos invitan a no pedir prestado, para que no debamos nada a nadie; quizá a estas alturas digas «me lo hubieran dicho antes», pero cada minuto es el momento correcto para empezar, y en verdad te digo que no importa cuál sea tu situación ahora: si reorganizas tu mente y restauras su orden y abres tu corazón a la verdad en tu vida, ella te libertará recordándote que somos seres espirituales en una experiencia humana y no al revés. En cuanto lo recuerdes, lo tendrás claro en todo momento.

Comprender que eres un ser espiritual y que, temporalmente, es decir, en esta experiencia, tienes un cuerpo humano y un propósito muy elevado, que el hecho de estar en esta experiencia no te quita tu esencia ni tu Divinidad, te recordará de manera constante que es imperante que mantengas esa relación personal con tu fuente, pues de ahí es de donde será abastecido todo aquel recurso que ocupes en dicha experiencia humana; es aquí donde te das cuenta de que puedes ser un gran científico, catedrático, doctor, docente, colaborador en cualquier empresa o lugar, miembro de un grupo o de ninguno, niño o niña, anciano o adulto, hombre o mujer, albañil o campesino sin importar tu partido político, credo o religión, y no importa si lo recuerdas o no: eres un ser virtuoso, dotado con prosperidad infinita para disfrutar, compartir y manifestar; en esta experiencia humana esa dote la conocemos como virtudes y valores, estos son inherentes al ser, son los frutos del Espíritu. Algunos textos sagrados mencionan unos, como en 1 Corintios 2:9, que dice: «Pero ni ojo ha visto ni oído ha escuchado todo lo que la Fuente tiene para ti».

Cuando empiezas a conocerte, tus valores y virtudes comienzan a florecer, y cuando recuerdas tu misión, la cosecha empieza a manifestarse; por ello, mientras no recuerdas quién eres, no es que no tengas conciencia, en realidad es que te encuentras desconectado de tu fuente y es como el celular cuando está desconectado de la fuente de suministro por mucho rato, ¿qué pasa?, deja de funcionar y se duerme. Nuestro cuerpo necesita descansar, pero nuestra conciencia puede estar eternamente despierta, solo que para eso nos requerimos conectar; por esa razón es que todos los textos sagrados son manuales del ser humano, solo que hay que tener en cuenta una cosa: para interpretarlos, son como el inglés: algunas palabras, según el contexto, te dan un significado, pero resulta que todos los textos sagrados han sido dictados por el amor y para el amor, pensados en amor para ser comprendidos en amor. El amor es la fuente que te creó y tú eres su esencia; si no recuerdas quién eres, es muy probable que no veas el regalo, sino la caja en la que viene el regalo. Por ello, recuerda esto siempre: «Todo pensamiento elevado viene de la Fuente, viene del Creador», «un pensamiento elevado es aquel que comulga con el Amor perfecto».

Si un día te encuentras leyendo un texto sagrado y el mensaje es ajeno al amor perfecto, entonces no lo estás comprendiendo correctamente, por eso hago la misma sugerencia que los antiguos sabios: «Conócete y conocerás a Dios y al universo, conócete tú primero y luego indaga todo lo demás», y es que tiene todo el sentido del mundo, como dijo Antoine de Saint-Exupéry: «Si queremos ver un mundo de paz y de justicia, pongamos nuestra inteligencia al servicio del amor». Ahora que ya sabemos que el amor es nosotros y nosotros somos el amor, considero que será mucho más fácil sintonizar esa frecuencia.

Cabe recordar que la Ley del Amor es la ley universal y rige todos los principios universales, solo existe una ley universal, que es la del amor y es inmutable, lo demás no son leyes, sino principios. Nosotros nos regimos por principios incluso en lo que concierne a nuestro quehacer físico en nuestra vida humana; si esos principios se subordinan a la ley universal (Ley del Amor), habrá menor posibilidad de distorsión. Por otra parte, para evitar confusiones, dicha ley cuenta con la doctrina del amor y esa, como el gran maestro que es Jesucristo, nos la resumió toda en tres principios que son la reseña del verdadero amor, a nuestro creador, a nosotros y a los demás.

Los principios universales, interpretados desde el amor, y la propia doctrina del amor, nos resumen todo lo que requerimos en tres pasos que dan dirección a nuestra vida; sin importar qué religión, credo, partido político y rol tengamos o estemos desempeñando, estos recursos nos guían para ser en el hacer y dejar de estar haciendo o haciéndonos juicios unos a otros o a nosotros, dejar de gastar nuestra energía inútilmente y así poder vivir una vida que merezca la pena ser vivida.

Ahora te invito a reflexionar, te invito a recordar también que en la vida yo no enseño nada, tan solo soy un factor de influencia, como tú y como cada partícula de la humanidad; yo también soy una partícula con una bella misión. Dios me ha dado el don de poder comunicar y soy responsable de usar mi voz con responsabilidad; quiero reconocer ante ustedes que tristemente no siempre lo hago, pero persevero cada día más. En esta experiencia humana quiero usar mi voz y mis letras para motivarte a parar y reflexionar sobre lo siguiente: hay dos motores en la vida del ser humano, que son causa y efecto de la vida y lo que llamamos muerte en esta experiencia humana: uno es real, principio y fin de todas las cosas, de Él emana toda la creación y toda buena acción, mientras que el otro no es real, al menos no para el amor, ya que es una fabricación de la propia humanidad y no es real; por eso, lucha incansablemente para permanecer, pues teme desaparecer. Su estrategia para seguir existiendo es someter al hombre a una serie de ideas, creencias y pensamientos y, como consecuencia, a acciones que lo mantienen tan ocupado que el hombre se siente agobiado y separado de su origen, de su fuente, de su realidad real. Por tanto, como humanidad, sufre ese síndrome en colectividad.

En su esencia, las partículas de la humanidad, sabemos que la vida es mucho más que preocupación, miedo, crisis y muerte, pero este personaje constantemente nubla nuestro entendimiento y los seres humanos caemos una y otra vez en la percepción y la proyección equivocadas; por tal razón, y de manera a veces consciente y otras veces inconsciente, como seres humanos nos sentimos culpables y en vez de pararnos en responsabilidad, mirar en nuestro interior y en nuestra vida personal, buscamos afuera, buscamos y buscamos, pues necesitamos alguien a quien culpar, entonces empezamos a hacer juicios, porque de esa manera siempre encontramos personajes que parecen peores que nosotros y si no los encontramos, los generamos, los atraemos, los duplicamos. ¡Santo Dios, si tan solo hiciéramos un alto! Si tan solo recordásemos quiénes somos y nos diéramos cuenta de que inconscientemente hemos invertido los niveles. Lo creado siempre debe estar al servicio de su creador y al ser humano no lo creó el ego, lo creo el Amor.

Querido amigo, querida amiga, recordemos y recordémonos unos a otros que estamos hechos para la grandeza, que somos partículas de nuestro creador, que estamos aquí para manifestar nuestra esencia y esta solo se encuentra en el amor; mira adentro de ti y ama, mira el cielo y agradece, mira afuera, hacia tu prójimo, y sin importar lo que veas bendice, bendícelo porque tú eres parte del Todo y cuando bendices a otros te estás bendiciendo a ti mismo con una mirada, con una palabra, con un pensamiento, con una proyección. No tenemos por qué estar al servicio del ego, él no nos creó, nosotros lo fabricamos a él y es de entender que lo amemos, como si se tratara de nuestra obra maestra, pero ¿podríamos hacer un cambio de perspectiva en nombre del amor?

Sugerencias para recordar:

1.- Somos seres espirituales en una experiencia humana y no al revés.

2.- Estamos conformados por espíritu, alma y cuerpo.

3.- Nos rigen la Ley del Amor, la doctrina del amor y los principios universales.

4.- Las virtudes, los valores y los talentos son inherentes a nosotros, no los venimos a aprender, los venimos a manifestar a través de su cultivo en nosotros y su práctica cada día.

5.- En esta experiencia humana somos y estamos llamados a ser y manifestarnos como ciudadanos virtuosos, elijámonos ya.

EL RECONOCIMIENTO

No sé si a través de tus ojos y oídos, por tu entorno, hayamos percibido algo, pero he escuchado y observado a través del tiempo y los medios de comunicación que hay un hábito que aflora con frecuencia durante algunos lapsos, y se trata de la queja y la inconformidad. ¿Sabes cuál es la principal causa de ello? Es la falta de reconocimiento en diversos aspectos. Lo sé por experiencia propia, pero es que la falta de reconocimiento también surge primero en nosotros: pensamos que no lo recibimos y la realidad es que no lo estamos dando, por ignorancia o por inconsciencia.

En diferentes etapas de mi vida estuve en busca de reconocimiento. Cuando era niña quería el reconocimiento de mi madre. En mi adolescencia creía no necesitar reconocimiento, pues me sentía muy importante (soberbia), pero lo cierto es que también la soberbia era por falta de reconocimiento; según entendía, no necesitaba reconocimiento, pero en realidad ahí estaba mi ego, alimentando mi idea de necesidad. Yo no me di cuenta hasta aquel día en que vi cómo todo el mundo se movilizó para hacerle una fiesta de cumpleaños a mi hermano. Ese día, mi falta de reconocimiento me llevó a sentir mucha envidia, mis diálogos mentales eran «yo nunca he tenido una fiesta de cumpleaños», nadie se acordaba de mi cumpleaños, pero no el señorito, porque todo el mundo estaba pendiente. ¿Observas? Mi conversación era desde la victimización. Obvio que en el estado de la víctima las cosas se exageran: la victimización es una expresión del ego. Es así que en aquel entonces mis semillas de envidia germinaron fuertemente; algunos dirán que tuve razón, otros que no, pero lo cierto es que para emitir un juicio necesitarán más información que la que les he proporcionado, y por esta vez no habrá más. Solo quiero decirles que he reconocido que no existe ninguna razón con derecho para fastidiarnos la vida, nada ni nadie tiene el derecho de irrumpir nuestra paz ni la de nadie, salvo el permiso que nosotros mismos le damos, pues lo valioso de nuestra paz no se compara con ninguna fiesta, con ningún regalo, con ningún accesorio, así valga millones; sin embargo, el no recordar quiénes somos nos conduce a ser los primeros en devaluarnos a nosotros mismos, de ahí todo lo que sigue, por la cuestión de los espejos y demás. Si yo no me estoy valorando ni reconociendo, generaré que a mi alrededor no me valoren ni me reconozcan, pues estar dormida es una manera de victimizarme, de modo que a mi alrededor solamente encontraré culpables de todo lo que me sucede y también de lo que no me sucede.

En este modo viviría desde la victimización, creyendo que la causa de mi sufrimiento está afuera de mí, y de esa manera seguiría evadiendo la responsabilidad. Es así como, a través de la victimización, se motivan de manera inconsciente victimarios y de victimarios regularmente pasamos a víctimas, y esto se convierte en un círculo vicioso, pero no tiene que seguir siendo así: el mundo no requiere ni víctimas ni victimarios, y si aprendemos a no caer presas del ego podremos corregir muchas cosas en nuestro interior, para que no se manifiesten en el exterior.

En algunas personas creemos que el ego es necesario porque suponemos que nos da seguridad; déjame decirte que la aparente seguridad que podemos sentir en el ego no es real, no es fortaleza, sino una reacción en miedo, que disfrazado se torna en soberbia. Si vives o percibes esto en alguien, no se trata de juzgarlo, más bien de comprender que hay un alma que sanar; la prudencia y la cobardía podrían parecerse, pero la prudencia viene del amor y la cobardía, del miedo, y el miedo es un producto del ego. Recuerdo de mi niñez, muy claramente, una experiencia de prudencia y muchas de miedo; también recuerdo en mi juventud una experiencia de templanza y fortaleza y, aunque alguien hubiese visto la escena, quizá habría pensado qué miedo, sin embargo, no fue así: esa voz interior me acompañó todo el tiempo y al prestarle atención los resultados son sorprendentes, pese a que en el espíritu se siente muy natural.

Todo lo que produce miedo es producto del ego, todo lo que produce virtud es producto del amor, aprender a discernir es nuestra tarea. Se trata de reconocimiento, pues cuando hablamos de reconocer estamos hablando de la Fuente, Dios, el Gran Poder o cualquiera de los miles de nombres que le damos: lo cierto es que, ya que vivimos en el Todo, ese gran poder está dispuesto a colaborar con todos para apoyarnos o ayudarnos a realizar la misión en cualquier momento; sin embargo, nunca con el ego. Amor y ego no pueden colaborar ni coexistir. En la medida en que nos entrenemos para no juzgar y comunicarnos con la Fuente, todos nos daremos cuenta de que ese poder está presente.

Reconocerte te permite ser reconocido o reconocida, reconocernos implica poder reconocer a la Fuente y reconocernos en la Fuente, también en nosotros y en los otros. Sentir que necesitamos reconocimiento es un indicio de que no nos estamos dando o que no estamos siendo espontáneos al darlo o en distintas circunstancias; nos hallamos desconectados de la Fuente, y es que el reconocimiento, antes que verbal, es mental y emocional: lo piensas y lo sientes y, aunque no lo digas, ya estás haciendo la fiesta. Por eso, cuando el ego te dice «mira que no te lo reconocieron», tú no lo puedes saber si no ves sus ojos, su alma, su corazón del otro, tú solo puedes saber cuándo tú te estás brindando reconocimiento verdadero a ti como a los demás y eso te mantiene satisfecho. El ego no entiende ese lenguaje, es muy ignorante en las cosas verdaderamente valiosas.

Saber que somos ciudadanos virtuosos no basta, también necesitamos creer que lo somos para poder actuar como lo que somos. La razón por la que muchos nos comportamos de manera diferente tiene que ver con lo que nos han hecho creer en repetidas ocasiones. Hace algunos años tuve una experiencia de méndiga, lo hice como parte de una formación que estaba cursando. Nos pidieron a los participantes que nos vistiéramos con lo que pudiéramos comprar con diez pesos. Obviamente, buscamos cubrirnos lo básico; en mi caso mi ejercicio empezó muy bien: el día anterior había tenido un quebrantamiento al descubrir en mí una manera de actuar, y me hice consciente de que no solo me fallaba a mí, sino a la Divinidad en mí. Al día siguiente llegué a mi curso toda acongojada y justamente tocaba esa actividad. La señora de la ropa usada me puso varios trapos y me dijo «uuuh, por diez pesos solo te podría dar uno de esos trapos, checa si algo te sirve»; entonces, gloria a Dios, vi un vestido café grande. Ya que yo soy pequeña, el vestido me llegaba casi a los pies: resultó ser un gran vestido, hasta con enormes bolsas, que en su momento no pensé que fuera a necesitar. Además, le pregunté a la señora si tendría algún trapo viejo o roto que me regalara para envolver mi cabello, que pocos días antes había teñido y había quedado más lindo. Ella me dio una camiseta muy vieja: la rompí y lo resolví. Cuando me ensucié el cabello como parte del ejercicio, me envolví la cabeza y empecé a mendingar. Se juntó el ejercicio que me generé con mi quebrantamiento interno, y eso fue un regalazo de la Divinidad para mí, pues pude observar y percibir la mirada de la sociedad. Los niños no tienen otra mirada que la del amor, no te ven con lástima ni con miedo, ellos siempre te quieren regalar algo, pero la energía que te brindan con sus regalos y miradas es amor; en cambio, algunos adultos te miran con lástima, otros con asco y otros más con miedo, algunos te miran con caridad, con compasión, y hay personas que te quieren cambiar la vida. Es maravilloso cómo el universo se abre para nosotros en cualquier circunstancia, yo pude meditar durante todo el ejercicio, contemplar y reflexionar. Cuando me topé con las personas que me trataron lindo, sanaba mi corazón: yo no buscaba dinero, ya que mi situación estaba en el alma, mas la gente me dio de todo, pero lo que me sanaba eran sus actos de verdadero amor. Cuando me encontré con una persona en particular, quien desde el patio de su casa me dio un peso y me maltrató con sus palabras mandándome lejos, yo pensé en cuántas veces, quizá, había tratado así a alguien; tal vez no con las mismas palabras, pero sí con esa actitud. El resultado del ejercicio para mi curso fue excelente, pero más para mí, gracias a Dios, y, como dijo el coach, muchas veces no valoramos la cuna en la que nacemos ni el privilegio de haber evolucionado; sin embargo, ese día para mí fue muy revelador. Siempre he sido consciente de que es la Divinidad quien obra a través de las personas a mi alrededor y hoy día, cuando el ego interviene, la puedo percibir, si no de inmediato, por lo menos en un corto tiempo, y eso me hace soltar la mano del ego y tomar la de la Divinidad; todo eso lo hacemos de manera mental.

No tengo ninguna duda de lo que muchos autores, textos sagrados, experimentos cuánticos y la naturaleza nos muestran. Hoy más que nunca sé que somos seres espirituales, que estamos dotados de espíritu, alma y cuerpo y que estamos aquí, en esta experiencia humana, para mostrar nuestra grandeza, para hacer la paz con nosotros y con todos los demás. No sé cómo lo veas, pero para mí es una hermosa misión. Tú puedes sanar el mundo, empieza por ti. El mundo no necesita ser cambiado, pues habría que exterminarlo y poner otro: la solución es la transformación y el acto del reconocimiento en toda su extensión es un buen paso, para empezar, una vez que ya sabes quién eres. Así pues, reconócete a ti mismo, después nos reconocerás a todos, poco a poco y de manera espontánea. Por ejemplo, imagina que este es el caso de un médico. Se trata de un eminente médico, muy prestigioso por brindar gran calidad de vida a muchas personas. Resulta que un día se queda dormido y a causa de una circunstancia pierde la memoria, por tanto, olvida todo: olvida quién es, olvida cuál es su profesión y olvida su misión. Un día, el médico presenta una infección de garganta, le empieza a dar una fuerte fiebre, él solo vive con su esposa, a la cual no reconoce, porque no recuerda ni quién es él ni quién es ella.

Ella le dice ese día «tienes fiebre, creo que deberías tomar algo, ¿será que debo llamar a tu médico?». Él, como médico, ha dejado de ir al consultorio, sus pacientes están descuidados y no se puede tratar ni a sí mismo, no recuerda nada. Después de todos los cuidados de su esposa, y con ayuda de los medicamentos, ha logrado recuperar en pequeña medida la conciencia: ya comprende varias cosas, le muestran sus manuales, sus libros, le explican que la mujer que tanto lo cuida es su esposa, etcétera. Todo lo que le recuerda que es un gran doctor está a su alcance, pero aún no se lo cree; por tanto, no puede ni comportarse como el profesional que es ni tratarse a sí mismo una infección de garganta, es decir, no es de bendición ni para él ni para los demás, pues a su esposa tampoco le brinda ningún reconocimiento, como su pareja que es. Ella comprende la situación, pero a veces se cansa y piensa que él no pone suficiente de su parte. Luego se recrimina y vuelve a tratarlo con paciencia y cariño, ella se ha vuelto más una madre que una esposa para él. Él ya ha sanado, pero la depresión aún sigue, y solo cuando él recobre su voluntad y vuelva a asumir su misión en los diferentes roles que tiene podrá sanar lo que falta. Por ahora tiene un gran recurso: el amor de esa mujer que se ha vuelto la bella genia y se transforma en lo que él requiere que sea; si él empezase a reconocerse en él o en su esposa, seguramente lo lograría más pronto.

Si no tienes ninguna enfermedad diagnosticada y tienes la oportunidad de accionar tu voluntad, úsala y reconoce a la persona que tienes a tu lado, hazlo en tu mente y en tu corazón. Si esa persona todavía no tolera las palabras, abstente de la voz; al hacerlo te estás reconociendo en ella. Puede que muestre todos los defectos del ego, pero bríndale la mirada de fe que toda la humanidad merece, mírala como una persona virtuosa. Quizá te parezca increíble, pero ahí está. Confía en el gran poder que ya está obrando, porque quiere obrar contigo, y tú ya tomaste el camino, por tanto, en ese camino del amor siempre te acompañará.

Recuerda: el reconocimiento personal (autorreconocimiento) es muy importante en todas y cada una de las vidas; en una vida con falta de reconocimiento, lo que cultivamos son relaciones en ego. Del ego emanan todos los antivalores que derivan en siempre creer estar necesitando de los demás, porque el ego fabricó la idea de escasez, y cuando crees en la necesidad, muchas veces ni siquiera recibes lo que crees necesitar; las relaciones son mejores cuando se entablan por amor y no por necesidad. Hoy en día la humanidad padece algunos virus de los cuales pronto va a sanar: dichos virus se llaman *culpa y no merecimiento*. La primera regularmente o nos la echamos o buscamos a quien echársela, pero ya no existe, ya fue borrada por el amor. Hoy en la buena nueva y en conciencia despierta reconocemos un valor; ser la responsabilidad y moverse como responsable en lugar de víctima te cambia todo, porque en responsabilidad se hace frente a cualquier situación y ya está, caso resuelto. No digo que podamos cubrir todas nuestras responsabilidades de la noche a la mañana, mas, para lograrlo, el primer paso es empezar, el segundo es perseverar (otro valor), y un don que no te puede faltar durante el proceso es la fe. Si estos elementos trabajan duro en tu ser, todo ya está logrado; si en el camino ocupaste más recursos, te aseguro que se sumarán: todos están en ti literalmente y en ti en los demás, mas a través del reconocimiento mutuo te los brindas; nada se debe arrebatar, pues si se arrebatan, los recursos pierden su propiedad y ya no hay el efecto deseado.

«Querer es poder» y «lo que enfocas lo provocas».

Reconocer nuestro origen, es decir, reconocer al Creador, me permite comprenderme como creación. Al entender que soy una partícula de su creación, entonces puedo entender que es padre y madre, que yo soy hijo, hija, partícula de ese gran poder, entonces todo se simplifica. Solo podría complicarse por la diversidad de creencias que hemos cultivado por años, mas hay algo que nos da dirección en este tema, y son los órdenes del amor que están implícitos en la doctrina del amor.

En los órdenes del amor, en la parte más alta de la pirámide está la Divinidad o la Fuente o Dios, como le quieras llamar, en sus tres personas. En el escalón siguiente yace la creación, es ahí donde estamos la humanidad, no hay más. Obviamente, en esta experiencia humana hemos generado diversas estructuras, tanto familiares como empresariales; en el caso del orden, este es sistémico, tanto en la familia como en la empresa, etcétera. Ese orden sistémico tiene su propósito, pero en el ámbito espiritual no hay mucho que quebrarse la cabeza: somos uno.

Si vemos los órdenes del amor en el ámbito neuro sistémico, los órdenes se extienden, pero todos seguimos siendo parte del Todo, es decir, se extienden para el objeto de la terapia y la sanación y la integración que se requiere hacer; una vez resuelto y habiendo explicado a tu razón los lugares que cada uno tiene en tu grupo familiar o empresarial, todo toma su orden correcto, pues el Todo es amor y es orden, pero para el objeto de recordar a cada persona, su esencia basta con ubicar los órdenes básicos del amor, como se propuso en el párrafo anterior: la Fuente y su creación. Debido a lo que se debe sanar, como individuos contamos con muchos recursos y elementos para hacerlo, hasta que comprendamos todo y nos integremos todos.

El reconocimiento es importante porque su ausencia causa que nos mantengamos dormidos como humanidad. La primera forma de no aplicarlo es no saber quiénes somos, la segunda es no reconocernos como lo que somos: seres espirituales viviendo una experiencia humana. Todo esto nos lleva a estar con la conciencia dormida y exigiendo reconocimiento de muchas maneras. El reconocimiento es un valor, es un fruto del amor, por ende, se manifiesta a través de nosotros mismos; por ello es absurdo cuando el ego nos lleva a actuar exigiéndolo o demandando este valor, dado que cuando el amor se demanda o exige deja de ser amor, entonces pasa a ser lo que complace al ego, se vuelve cumplimiento. El ego es feliz en las relaciones de cumplimiento, pues de ese modo nadie nunca se siente satisfecho. Cuando nos reconocemos, durante la práctica, vemos que el reconocimiento es como si nuestros espejos se levantaran para reconocernos más, salvo en ocasiones en que necesitamos tomar exámenes, que es cuando algunas personalidades se levantan en nuestro prójimo para probarnos y nos generan algún tipo de rechazo o lo que llamamos *grosería*; en ese momento tenemos una oportunidad doble:

1.- Observar sin juicio, sin tomárnoslo de manera personal, comprendiendo que alguna personalidad está manejando a la persona, es decir, observar desde el espíritu.

2.- Preguntarnos interiormente cuál parte de nosotros se está manifestando en ese espejo.

Con las dos opciones anteriores, regularmente, nos podremos dar cuenta de lo que se nos está mostrando, ya que podríamos obtener información acerca de que esos actos ya no nos manejan, situación que, sin duda, incrementará nuestra paz, o podríamos darnos cuenta de que, de alguna forma, nosotros hemos estado actuando mal con nosotros mismos; eso será lo más importante, darnos cuenta. En lo que concierne al tema de si la persona en cuestión necesita hacer algún cambio en su actitud grosera, no es que a nosotros nos corresponda hacer mucho por ella, sino evitar ponernos al nivel de su personalidad, hacer una plegaria para que sanemos ambos, es decir, la persona y nosotros, ya que si nos hemos generado esa experiencia es porque ambos debemos revisar la herida y sanar. Al contribuir con la sanación de la otra persona a través de mi actitud o la plegaria, que también forma parte de mi actitud, sanamos todos, pues sano yo y sana ella y así, en nosotros, todos los demás; es de este modo que se mueven los asuntos en la dimensión del amor. A través de mi actitud tengo muchas maneras de bendecir a la otra persona, y es con la mirada y los demás sentidos, con los pensamientos y la actitud. Recordemos que cuando actuamos de manera distorsionada, no lo hacemos desde el amor, sino desde el ego. El ego no quiere ser educado, nosotros no queremos juzgar a nuestro prójimo y la única manera de orientar es en amor, pero el ego no sabe recibir amor, así que pongámoslo a cierta distancia haciendo uso del respeto. Regularmente, cuando no nos rebajamos al nivel de las personalidades conflictuadas, la persona que estaba siendo usada se termina dando cuenta y se rediseña. Me ha pasado con algunas personas y es muy gratificante verlo, no necesito nada más que darme cuenta, y estas circunstancias, cuando las tomo de manera correcta, bendicen mi vida gratamente.

No está de más recordar otra vez que el reconocimiento empieza por nosotros: no sirve exigir lo que no estamos dando, pues lo que se exige, aun cuando se reciba, no es de provecho, porque su fuerza vital es el amor y, al obtenerse en exigencia o arrebato, pierde sus propiedades, y si estamos dando reconocimiento de corazón no queda ninguna sensación de requerir reconocimiento, pues recordemos que las virtudes, los dones y los valores vienen de la Fuente y entre más das, más recibes, pero, además, la Divinidad actuará a través de tus prójimos a tu alrededor, para manifestarte su amor. Todo lo que das esperando recibir algo a cambio no es amor. El verdadero reconocimiento solo se puede dar si estás en tu centro de manera consciente y conectado; evitemos exigir a otros lo que nosotros podemos aprender a manifestar. Cuando lo logres, lo verás llegar de todos lados, pero no porque lo exijas, sino porque te lo vas a generar. Nadie requiere exigirle a alguien lo que no nos desea dar si queremos en verdad vivir en prosperidad, pues, aunque se me diera lo exigido, llegaría a mí vacío de amor y me generaría mayor necesidad. Lo que no se da en amor no bendice, ni a quien lo da ni a quien lo recibe. Solo el ego quiere o acepta cosas así, aunque siempre se ande quejando; sin embargo, cuando es una dádiva espontánea se llama *compartir* y es el cultivo de un valor más, entonces, lo compartido, ya sea reconocimiento u otra cosa, se expande, ya que todo lo que es futo del amor se manifiesta en resplandor y produce abundante bendición y sanación. Esos eventos se llaman *milagros* o *actos de amor verdadero*, donde lo importante no es el acto, sino la fuente que los inspira, que es el amor perfecto, el verdadero amor.

«Cuando das de corazón en automático ya estas recibiendo».

Puntos para recordar:

1.- El reconocimiento empieza por nosotros mismos.

De mí hacia mi fuente, de mí hacia mí misma o mismo y de mí hacia mi prójimo, quien es mi otro yo, como decían los mayas, *hala ken* (Tú eres otro yo) *In lak'ech* (Yo soy otro tú).

2.- El reconocimiento es un valor, fruto del amor; si en vez de darlo lo exijo, pierde su valor.

3.- Si quiero generar reconocimiento solo debo darlo de manera espontánea.

MI TIERRA Y YO

Hemos hablado en *Ciudadanos virtuosos* de que tenemos en el espíritu conciencia, comunión e intuición, que es de donde emanan dones o talentos, virtudes y valores, en el alma, la mente, las emociones y la voluntad, con lo cual generamos pensamientos, y a través de ellos forjamos nuestra realidad; así, en esta experiencia humana, para manifestar la grandeza de nuestro ser, en nuestro diario hacer contamos con un inmenso patrimonio para llevar a cabo nuestra hermosa misión.

Conocer y reconocer dicho patrimonio es muy importante, pues de otro modo es como el caudal de riqueza que guardamos en nuestro interior y que, por no reconocernos, no podemos valorar y no estamos ni cultivando ni aprovechando, e incluso no siempre hemos aprendido a accionarlo. Dentro de este inmenso patrimonio tenemos:

Nuestro cuerpo. Es un organismo conformado por nueve sistemas que, a su vez, están formados por miles de billones de células, y cada célula está conformada por moléculas, y estas por átomos, y los átomos por protones, electrones y neutrones, que contienen quarks, etcétera. El punto es que lo que más debemos saber es que este cuerpo se nutre, pues, si analizas bajo esta información tu cuerpo, notarás que hay mucho para maravillarte con la infinidad de colaboradores que tienes a tu disposición. Ahora que ya lo sabes, puedes tratarlo muy bien, alimentarlo y brindarle gratitud, reconocimiento y todo lo que se te pueda ocurrir. Otra oportunidad que te brinda esta información es maravillarte por que eres billonario en células, procuremos que estén sanas.

Los nueve sistemas seguramente ya los conoces.

El sistema digestivo se encarga de transformar los alimentos en sustancias simples, para que los demás sistemas del cuerpo obtengan los elementos nutritivos necesarios para que lleven a cabo sus funciones.

El sistema intestinal se ocupa de la asimilación y la eliminación; el colon es el responsable de reabsorber los fluidos, algunos minerales y de la producción de vitamina B12, así como de otros nutrientes, además de eliminar los desechos tóxicos.

El sistema circulatorio se ocupa de aportar oxígeno y sustancias nutritivas; retira el anhídrido carbónico y demás desechos y distribuye las sustancias activas.

El sistema nervioso se encarga de coordinar y maximizar su instancia del gobierno ejecutivo, además de la comunicación con el medioambiente a través de los sentidos.

El sistema inmunológico es el mecanismo de defensa. Se genera en la medula ósea de los cuerpos; su primera función es la propiedad de reconocer agentes extraños, virus, bacterias, hongos, etcétera, y su segunda función es la de dar al cuerpo su equilibrio bioquímico (homeostasis), esto es, la habilidad para eliminar y neutralizar sustancias tóxicas.

El sistema respiratorio se ocupa de tomar oxígeno para el cuerpo y eliminar el anhídrido carbónico.

El sistema urinario se encarga de filtrar la sangre, remueve y elimina sustancias tóxicas y ayuda a mantener el balance hídrico del cuerpo.

El sistema glandular se ocupa de la producción de hormonas específicas que aceleran o inhiben, dirigen o regulan los fenómenos vitales.

El sistema estructural u óseo es el encargado de ser la estructura del cuerpo y apoyar el movimiento.

Estos sistemas se nutren, y es nuestra responsabilidad proveerlos y mantener una buena relación con cada uno de ellos y con todos a la vez. En muchas ocasiones, por no haber meditado sobre nuestro maravilloso cuerpo, nos sentimos acobardados ante determinadas circunstancias de salud, cuando hay mucho que entre nosotros y nuestro cuerpo podemos hacer si formamos equipo conscientemente con él, pues lo dirigimos desde la mente, y es en la mente que decidimos proveerlo y dirigirlo bien o no.

Como bien vemos, nuestro cuerpo es un recurso maravilloso, temporal, como todo accesorio, pero precisamente es temporal porque solo lo requeriremos en esta experiencia humana. Además de nuestro cuerpo, contamos con otro recurso, que son la familia en la que nacimos y la familia a la que elegimos pertenecer; pueden ser la misma o no, y estas también contribuyen para realizar la misión. Además, contamos también con nuestro hogar, nuestros amigos, nuestra sociedad, nuestra ciudad, nuestro Estado, nuestro país, nuestro mundo, nuestro planeta y nuestro universo.

Y todo contribuye para realizar nuestra misión, mas para ello necesitamos tener presente quiénes somos y para qué estamos aquí, estar despiertos y dispuestos a ser los manifestadores de esos actos de verdadero amor.

No requerimos nada más, todo está en nosotros y en nuestro entorno, no se necesita pedir un cambio, solo debemos apreciar y valorar todo lo que somos y de lo que formamos parte, además de agradecer nuestras bendiciones; todo esto nos prepara para empezar a ser la transformación a cada instante, como dijo Gandhi: «Sé el cambio que quieres ver en el mundo».

Si pedimos un cambio, debemos tener en claro en qué y para qué pedimos un cambio, pero, sobre todo, necesitamos ser parte de esa transformación. No se trata de cambiar una cosa por otra, al ego nunca se lo tiene contento, pero sí se trata de transformar para bien las cosas que requieren ser transformadas. Esos cambios verdaderos suceden primero en la mente del ser humano y luego afuera; procuremos ser conscientes del impacto a corto, mediano y largo plazo de estos cambios que solicitamos o gestionamos, pues con base en la ética, un bien mayor no justifica un mal menor ni viceversa. Lo que es bien, es bien a todos los niveles o no lo es.

En lo personal, me siento muy feliz y, ¿por qué no decirlo?, muy orgullosa de ser ciudadana xalapeña, de la Atenas veracruzana, mi bella ciudad, la Ciudad de las Flores. Podría dar una enorme semblanza, pero no lo haré en este libro, solamente diré que es una ciudad maravillosa que siempre me ha abierto las puertas que se requiere que sean abiertas para crecer. En Xalapa tengo familia consanguínea, he encontrado muchos amigos, amigas y maravillosos maestros; también me ha brindado hadas y «hados» padrinos. Soy consciente de que todo viene de la Divinidad, pero mi ciudad ha sido el medio donde me he desarrollado, trascendiendo diferentes circunstancias, ya que siempre he hallado los recursos que he requerido. Desde el día que elegí nacer, a los siete meses de gestación, en una familia campesina, con grandes dones, pero con mucho que trabajar en su tierra personal, la Divinidad nunca me ha faltado; gracias a la Divinidad, gracias a la vida, gracias a mi familia consanguínea y a mi familia espiritual, que son todos y toda la humanidad, gracias, gracias, gracias y mucho más.

Puntos para recordar:

1.- Para manifestar nuestra grandeza contamos con infinito patrimonio.

2.- Dentro de nuestro patrimonio están nuestro cuerpo físico, nuestro hogar, nuestra familia, nuestros amigos, nuestra sociedad, nuestra localidad, nuestro Estado, nuestro país, nuestro mundo, nuestro planeta Tierra, nuestro universo.

3.- Somos parte del Todo y todo contribuye con nosotros en esta y en cualquier dimensión, recordar quién eres es esencial.

IDENTIDAD

Desde las diferentes áreas de la ciencia se habla de nuestra identidad.

En esta ocasión, y con el propósito de definir los elementos que proponemos necesarios para el desarrollo humano, para reconocer la identidad real de un ser integral abordaremos dos bases: la espiritual y la antropológica social. La primera nos recuerda nuestro ser en esencia, nos recuerda la identidad de nuestro ser no físico, mientras que la segunda nos define desde la perspectiva física humana. Aquí cabe una pregunta: ¿la perspectiva de quién? Porque lo ideal es que tú definas tu identidad a través de tu autoconocimiento, es decir, el mundo te seguirá etiquetando, pero tú debes decidir si esas etiquetas te van o no, si las aceptas o simplemente dices «no, gracias».

Desde las diferentes áreas de la ciencia se tiene un concepto de identidad, pero yo, como ser humano, ¿cuál pienso que es mi identidad? Bien, con base en el autoconocimiento, tenemos claro que «somos seres espirituales en una experiencia humana», por tanto, tengo una identidad que traigo desde antes de nacer en esta experiencia humana; esa misma identidad es la que conservo aquí, ya que es lo que vengo a manifestar y, por supuesto, después de partir de esta experiencia humana, aunque mi cuerpo se queda en esta dimensión, yo sigo siendo un ser espiritual, esa es la parte de mí como Divinidad y, por ende, es inmutable y eterna. Como ser espiritual, mi existencia no tiene caducidad, por tanto, mi identidad como ser espiritual en esta experiencia humana es mi ser, por eso, aquí y ahora yo soy una persona virtuosa

Y con base en la perspectiva antropológica y social, entre otras, soy el género que traigo al nacer, soy el nombre y los apellidos que me pusieron en el acta de nacimiento; soy los apodos o las etiquetas lindas o no tanto que me pusieron mi familia o los grupos sociales con los que he convivido durante mi desarrollo físico y social; soy el ciudadano que dice mi identificación, con nombre y apellido, un domicilio, con derechos y responsabilidades y mayor de edad; soy los títulos acumulados y la categoría social que me hayan instalado conforme mi estatus social, etcétera.

Y todo eso está muy bien, excepto si he olvidado quién soy en esencia, es decir, antes de esta experiencia, porque al no saber quiénes somos en esencia, a veces nos tomamos de manera muy personal las etiquetas, y entonces caminamos sobre estas bases sociales humanas cargando las etiquetas y los complejos que estas implican. Lo cierto es que, cuando sabes quién eres en esencia, cosa que sucede al autodescubrirte a través del autoconocimiento, es todo más sencillo, pues al evaluar tu identidad puedes actuar desde el amor y la paz, entonces te piensas, evalúas tus etiquetas y dices: por mi origen, soy espiritual (V); por el género con que nací en esta experiencia humana, soy niña, es decir, represento a la conciencia femenina (V); por cuanto me etiquetaron, soy bella (V); soy inteligente (V); soy sabia V); soy loca, pero no, esto no concuerda con mi identidad real (X); soy bizca (X); soy torpe (X); soy una persona agradable (V); soy una persona buena (V); soy una persona mala (X); soy una persona hecha para volar (V); soy una persona virtuosa (V).

Y así, sucesivamente, al evaluar y hacer una depuración sentirás no solo que caminarás más ligera o ligero, sino que tendrás cada día más clara tu identidad y automáticamente verás manifestado todo lo que sí eres en verdad. Me gusta la etimología de la palabra *identidad*: se dice que proviene del latín *idem*, que en español quiere decir «lo mismo», y del sufijo -*idad*, que significa «cualidad de»; por tanto, *identidad* es equivalente a «la misma cualidad de».

Desde mi punto de vista, nuestra identidad es la misma cualidad que la de la Fuente, por ello, somos seres espirituales en una experiencia humana, espíritu-alma y cuerpo. Somos seres integrales dotados para la grandeza; la grandeza es hermana de la humildad y ambas emanan del amor, son como la fuerza y la inocencia. La grandeza en amor es la manifestación de cada valor. También, entre otras, existe la identidad cultural, es ese conjunto de tradiciones, símbolos, creencias y modos de comportamiento que funcionan como elemento cohesionador dentro de un grupo social y que actúan como sustrato para que cada individuo que lo conforma pueda fundamentar su sentimiento de pertenencia, y así la identidad cultural, al igual que la profesional, también suman a nuestra vida como patrimonio para realizar nuestra misión, si y solo si sabemos claramente quiénes somos en esencia.

Recordar es recobrar. Al recordar nuestra identidad podemos recobrarla y entender que no somos esclavos, sino directores de nuestra vida, que nuestra identidad no solo se fabrica de manera accesoria, también es la que era, la que es y la que siempre será (creada de manera real a imagen y semejanza del amor). Nuestra identidad nos da valor, pero el valor no viene de lo que hayamos acumulado, sino de quienes somos, desde siempre. Nuestro valor en nuestra identidad viene de la Fuente y no es algo accesorio o temporal, es más bien inherente a nosotros y a nuestro creador. Entender que nuestra identidad espiritual más nuestra identidad temporal o humana nos siguen presentando como seres integrales nos capacita para practicar la integración para con los demás.

Puntos para recordar:

1.- Somos seres integrales, quienes éramos, quienes venimos a ser y quienes seremos; somos siempre los mismos, perfectos resplandores divinos. Nuestro espíritu es inmutable y eterno, de él emana nuestro poder.

2.- Nuestra identidad está definida desde antes de nacer en esta experiencia humana y la identidad que adquirimos en esta experiencia debe complementar o comulgar con nuestra verdadera identidad, así evitaremos distorsionarla.

INTEGRACIÓN

Cuando un ser humano sabe quién es, sabe también quiénes son los demás; cuando un ser humano practica y cultiva el reconocimiento, se transforma en una persona con la que te quieres asociar; cuando un ser humano reconoce, valora y respeta su patrimonio, es alguien que sabe que en lo que se proponga no hay límites, se reconoce parte del todo y sabe que todo colabora con él, por tanto, sus compañeros serán la proactividad, la ecología y el equilibrio. Las colaboraciones valiosas no se dan desde la creencia de ayuda o de necesidad, la verdadera ayuda siempre viene de la Fuente y no la necesitamos, porque siempre está presente, mas sí que agradecemos siempre contar con ella; gracias a ese poder maravilloso que nos creó, gracias al amor, nosotros, como instrumentos, somos colaboradores y podríamos decir que hacemos colaboraciones, pero me encanta pensar en un concepto que escuché en el continente europeo por parte de una hermosa partícula venezolana, y tiene que ver con asociarnos de manera inteligente, para lo que se requiere, en primera instancia, una gran mirada, una mirada desde el corazón, para poder generar una proyección correcta y a la altura de todo ser humano en el planeta. Todos los seres humanos merecemos amor; no todos han despertado aún, pero ya falta poco.

Las asociaciones inteligentes empiezan en las relaciones, como todo lo que tiene que ver con el ser; primero con nosotros y luego con todos y todo lo demás.

Comprendernos y reconocernos como seres integrales nos pone en condiciones para hacer «asociaciones inteligentes», un tema que maneja muy bien nuestra querida amiga Verónica Sosa. Cuando la escuché en ese viaje maravilloso a la ciudad de Amberes, en Bélgica, para compartir con el Seminario para Hispanas Emprendedoras 2018, me quedó claro que nadie puede dar algo de corazón que el universo ya no se lo esté retornando multiplicado. Escuché muchos conceptos que removieron mi tierra, recordé varias cosas, porque ese día las charlas sobre la conciencia femenina y masculina mencionaron mucha información que me invitaba a no abandonar mi misión. Y es que la Fuente siempre quiere colaborar con nosotros, pero cuando nosotros nos ponemos de acuerdo desde el amor para colaborar juntos en algo grande y grandioso, la Fuente se suma intensamente y, como dijera nuestra querida Verónica Sosa, juntas y juntos es mejor.

Y es que una asociación inteligente es aquella que se hace desde la confianza mutua, en que entendemos que todos somos personas virtuosas, y cuando ubicas a las personas que ya han practicado el cultivo de sí mismas, que están en el asunto del cultivo de valores, que no te lo cuentan, pero que lo proyectan en sus acciones y negociaciones, tú, inmediatamente, dices «con ellas puedo cocrear», entonces invitas a las personas a realizar cosas más grandes que las que tú solo o sola podrías lograr, mas en esta acción están implícitos algunos elementos grandiosos, como el reconocimiento, la colaboración, la generosidad, la fe, la confianza, etcétera. Es un ejercicio en que tú sabes que las personas te van a responder, que las personas quieren responder. No lo ven como una ayuda, sino como una colaboración. Su primer pensamiento no es ¿cuánto o qué voy a ganar aquí?, sino más bien ¿qué o cómo podría sumar en esta propuesta? ¿Qué o cómo podría sumar en esta empresa, en esta ciudad, en este proyecto? Las personas no temen ser usadas, pues ponen todos sus recursos a disposición y saben que son inagotables, porque se trata de integrarse para potenciar; cuando sabemos quiénes somos, nos encanta soñar e ir por nuestros sueños reales, no los del ego, sino los de nuestro ser, que siempre nos susurra lo que venimos a manifestar. Cuando sueñas en grandeza con humildad, es el Espíritu Santo recordándote para qué estás aquí.

Cuando sabemos quiénes somos, no hay nada que nos parezca imposible, sabemos que tarde o temprano se va a lograr, y cuando sabes quién eres, te gusta conocer los sueños de los demás, para impulsarlos y colaborar para que se puedan lograr más pronto; no temes la competencia, pues sabes que lo que existe es oferta de servicios y competitividad. La competitividad es un valor, está en todos nosotros; no se usa para arrebatar nada a nadie, se usa para brindar mayor calidad. Desde una conciencia despierta, que también podríamos llamar conciencia plena, no necesitas ver necesitados para alimentar tu ego creyendo que los ayudas, pues amas las colaboraciones y el compartir con los demás. Aprendes a no ver a nadie necesitado, ya que en amor percibes a los demás como tus iguales, y si momentáneamente requieren algo que tú puedes brindar, te lo brindas al brindárselo a ellos, pues ahora sabes que son unidad.

En una asociación inteligente las partes se unen para lograr un objetivo y todas miran hacia la meta colaborando, avanzando cada escalón hasta lograr el gran propósito. Las partes acuerdan cuál colaboración hará cada quien, y cada quien sabe lo que individualmente necesita lograr y, si sus fuerzas y tiempos se lo permiten, más allá de eso todavía está cada partícula dispuesta a colaborar más, a dar el extra si se percibiera la necesidad, esto es lo que sucede en una verdadera unidad. Un equipo es una unidad, es cuando más de uno se une para hacer un uno más potente, y lo que lo potencia no es la fuerza bruta ni los recursos que se pueden ver; claro que estos son importantes, pero los recursos que hacen potente a ese equipo son los que no se pueden ver físicamente más se pueden manifestar, son aquellos que brindan entusiasmo al grupo. Una vez más, lo no físico crea lo físico; en una asociación inteligente no te asocias con egos, te asocias con personas integrales, ciudadanos virtuosos que se conocen y se cultivan día a día y que reconocen que todos somos nosotros mismos, solo que con roles, micromisiones y actividades o profesiones diferentes.

Todas las relaciones que emprendemos permiten la aplicación de las verdaderas asociaciones inteligentes: en la familia, en las instituciones y en el sector empresarial público o privado, etcétera. Todo esto puede hacerse cada vez más real y latente, si reflexionamos sobre las cinco fases y de una frase que escribí en mi libro *El privilegio de vivir* y que originalmente escuché en la película Narnia: «Si a los animales los tratas como fieras, fieras se vuelven». Lo que yo cuestiono hoy es: si a las personas las tratamos diferente de lo que somos, ¿en qué nos estamos transformando?

Para conformar asociaciones inteligentes se requiere de personas inteligentes; todos lo somos, todos somos ciudadanos virtuosos, aunque algunos no estemos tan desarrollados, porque aún estamos dormidos o despertando despacito. Los que ya están listos han empezado a colaborar, algunos se suben a estos barcos, pero en el camino les entra la apatía y eligen bajar; eso no los hace menos inteligentes que lo que son, solo están posponiendo su libertad. Los tiempos en cada uno son perfectos, sabemos que en el camino nos alcanzarán. Todos somos uno, no estamos completos mientras algunas mentes se sientan separadas, malvadas o relegadas, pero, para colaborar con ellos, les brindamos nuestra certeza de que muy pronto despertarán.

Una asociación inteligente también surge cuando en la relación entre padres e hijos se reconocen, se valoran, se respetan, se autocomprometen y se dan su lugar de manera mutua, es decir, la estructura toma su orden y todos colaboran con lo que a cada uno le corresponde. También, en las relaciones de pareja, con los hijos y, como ya comentamos, con los colaboradores, con los socios, con los diferentes grupos con propósito, con los clientes. Es así que la humanidad se convertirá en una asociación inteligente en la que todos saldremos beneficiados.

Las asociaciones inteligentes promueven percepciones diferentes, como ya dije, sus acciones son desde la colaboración, no desde la ayuda, porque sabiendo quiénes somos y cuál es nuestro origen no cabe la percepción de necesidad; entendemos la igualdad de dignidad entre personas y la practicamos desde la mentalidad, y sabemos que, a pesar de que aún no todos reconocen su poder y su esencia, todos lo tienen y muy pronto lo reconocerán y lo aprenderán a manejar.

¿Te imaginas atraer a tus clientes con tu frecuencia?

¿Te imaginas vender en una mentalidad de servicio y no de necesidad?

¿Te imaginas colaborando con tu personal para trabajar desde esta dimensión, no por obligación sino por convicción?

¿Te imaginas poder ser tú como persona o como empresa parte de esta transformación en la sociedad?

¿Te imaginas poder dejarles por fin a las nuevas generaciones la génesis de una sociedad humana de verdad? Esto es Sociedad Despierta Internacional. Ya somos muchos, pero pronto seremos más. En nuestra visión está toda la humanidad. Esto podría ser el gran negocio —negamos el ocio: los tiempos y los estados de paz no son ocio, son paz y contribuyen a la prosperidad— de tu vida. Pero no esperes monedas solamente, esto va mucho más allá: tú, yo y cada ser humano en el planeta somos instrumentos para manifestar prosperidad. Somos partículas del amor, estamos aquí para manifestar nuestra grandeza, esa que es inherente a nosotros, por ser sus partículas, y la misión debe continuar. No mires los vicios del pasado, enfoca el aquí y el ahora y empieza a proyectar; no proyectes en miedo, pues eso solo lo puedes hacer desde el ego: proyecta desde el amor y tus proyectos se harán realidad.

Al hacer asociaciones inteligentes, dejamos de arrebatarnos la energía y nos empezamos a impulsar. Cada uno tiene una parte con la que espontáneamente puede participar. Dejemos la queja de lado, dejemos de pensar en que alguien fuera de nosotros lo haga; si nosotros percibimos que algo se requiere no es casualidad, es porque a nosotros nos corresponde actuar. No gastes tus energías pensando que las personalidades que se te han presentado en el pasado te hacen pesada tu nueva realidad.

Para empezar algo grande, primero necesitamos soltar; algo pequeño se puede sostener con una mano o menos que eso, pero algo grande requiere tus dos manos y toda tu atención. Lo pequeño es todo aquello que no construye a tu vida, pues Dios solo hace cosas grandiosas. Tal vez pienses que esto es utópico, pero déjame decirte que este mundo ya existe, todo depende de la mentalidad que cultivemos en este despertar: el verdadero renacimiento está por iniciar. Recuerda que «lo que enfocas, lo provocas».

¿Te gustaría participar?

Puntos para recordar:

1.- Cuando sabes quién eres tú, inmediatamente sabes quiénes son los demás.

2.- Si decidimos hacer equipo con nosotros en alguien (colaboraciones), la confianza es un recurso que no se debe escatimar; a pesar de lo que diga el ego, si no confías, no te relaciones.

3.- Cuando nos reconocemos en los demás, nadie nos puede fallar; confiar en nosotros y en nuestra Fuente es la mejor tarea.

4.- Hacer asociaciones inteligentes ocupa mucha inteligencia, la tuya es ilimitada si obramos en amor y evitamos el ego.

SEGUNDA PARTE

VERÓNICA SOSA

Mujer virtuosa, fundadora de Business Fit Academy y Business Fit Magazine, fundadora del Seminario para Hispanas Emprendedoras, escritora, conferencista internacional galardonada y amante de las conexiones inteligentes.

f Veronica Sosa

○ @veronicasosac

🐦 @verososalive

EL DESPERTAR DE UNA SOCIEDAD

Hubo un tiempo en el que, casi todos, podíamos hacer lo que queríamos, como viajar a todas partes, pero ¿cómo y cuándo nos dimos cuenta de que, hasta las cosas más pequeñas, como ir al supermercado, son un acto de libertad? ¿Qué pasó? Pasó que un día todo cambió. Todo se detuvo, ya no pudimos ir a mirar puestas de sol en una hermosa playa. No pudimos viajar a ninguna parte, ni siquiera salir de nuestras casas, incluso, no pudimos reunirnos con nuestra familia o con los amigos más cercanos. Un día despertamos y nuestra libertad había desaparecido. Un día despertamos y nuestras vidas habían cambiado por completo. Se establecieron reglas de distanciamiento social, toques de queda, se cerraron negocios.

Un virus había puesto en riesgo a todo el género humano. Después de unos meses de haber comenzado, me pregunto: ¿para qué ha servido todo esto?, ¿qué he aprendido? Pues estos días en cuarentena me han enseñado muchas cosas y veo esta situación como un llamado a la humanidad, como un grito que se escucha alto y claro: ¡sociedad, despierta! Hemos visto cómo algo que empezó en una ciudad lejana a nosotros nos alcanzó en poco tiempo, ganando velocidad e impulso como una bola de nieve, resultando un caos en el mundo. Algunos hablan de teorías conspirativas, otros ven oportunidad de ganar dinero cobrando de más, mientras que unos han perdido sus trabajos y sus empresas. Por otro lado, estamos los que creemos que se trata de una época idónea para la transformación, para el despertar de conciencia, para llamar a la unidad y para vibrar en alto con cada nota de nuestra alma, ese bello sonido que nos identifica a cada uno.

Es tiempo de crear la canción más bonita, la canción del amor. He visto compasión y cariño en grupos que se unen con el fin de crear centros de ayuda para las personas necesitadas y, también, a mujeres formando alianzas para llevar adelante proyectos globales, comprometiéndose a transformar nuestra comunidad con amor y respeto, para crear oportunidades en las que todos puedan crecer como individuos. La única diferencia con nuestra vida anterior es cómo actuamos en un momento así, la empatía que mostramos, no solo a nosotros mismos sino a otros, desarrollando nuestra inteligencia social. El cambio empieza en uno mismo, para luego hacer todo lo posible para ayudar a los demás, con las herramientas que cada uno tiene. Todas y todos, absolutamente todos tenemos una misión de vida: descúbrela y únete al despertar.

Entonces, mi pregunta para ti es: ¿cómo resurges de una situación así? ¿Eliges hacerlo en modo egocéntrico o comenzarás a desarrollar tu inteligencia social para convertirte en el líder o la lideresa de tu propia vida, sirviendo de espejo a otros, que verán tu grandeza interior, y construyendo negocios con propósito en esta nueva era? Te animo a dar ese primer paso, porque ¡sí, se puede! Para ello, cada día trabajo en mi congruencia, en alinearme con lo que pienso, lo que digo y lo que hago, para tener resultados maravillosos. Enfócate en tu mente, en tu cuerpo, en tu espiritualidad y en tus emociones, además de en tu campo vibracional. Practica la gratitud, mediante la fe logramos mover montañas y vivir bailando con la música de la vida. Abraza la incertidumbre y fluye para no sufrir; como bien lo dijo mi gran amigo Ismael Cala: «Dios es amor, hágase el milagro».

BARBARA SARMIENTO

Mujer virtuosa, embajadora de la Sociedad de Hispanas Emprendedoras, empresaria, *networker* y mentora de redes de mercadeo.

 Barbara SAR PANZ

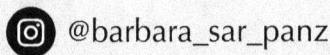 @barbara_sar_panz

EL RENACER DEL YO HUMANO

A lo largo de nuestras vidas en este plano terrenal vamos descubriendo esa parte de nosotros que muchos llamamos *sobras*, esas situaciones difíciles que vivimos o esa parte de nosotros que no nos gusta tanto como quisiéramos o, incluso, eso que nos hace sentir juzgados por el entorno, tanto que nos da miedo. Tememos a nuestras reacciones, tememos a que vuelvan situaciones pasadas a nuestras vidas, tememos que alguien las descubra. El tener que actuar «bien» y el tener que hacer todo lo que es «correcto» muchas veces hace que nos sintamos como seres humanos perdidos. Esa parte de nosotros que nos incita a ser mejores hace que la lucha constante nos desconecte de nuestra esencia.

Ahora, ¿quién determina lo que es correcto y lo que no?, ¿quién debe decirte de lo que eres o no capaz de hacer, lograr o incluso ser? A través de la historia hemos sido condicionados. Hubo una época en la que el valor más importante atribuido a una mujer era el de ser esposa y ama de casa, no podían tener cuentas bancarias, y ni se diga de alguna profesión. La sociedad ha implementado en los hombres la responsabilidad de proveer en el hogar, ser la cabeza de la familia, el jefe de la casa o quien determina las normas, pero ¿y si quien provee es la mujer?

El mundo está cambiando, la sociedad cada vez más flexible nos sigue inspirando a un despertar de conciencia, a parar de ver afuera y comenzar a conocernos en nosotros mismos, porque solo así hay quienes vivimos una vida plena en conexión con nuestra esencia. Todo lo que ha estado pasando en el siglo XXI nos ha llevado a cuestionarnos todas las cosas y a no aceptar ninguna orden como cierta y, por el contrario, comprendernos a nosotros mismos nos hará contribuir mucho más con este hermoso mundo en el que vivimos. ¡No hace falta ser borregos!

Hoy una gran parte de la población cuestiona desde el sistema económico mundial hasta las directrices sociales, legales y políticas. Y mientras el sistema antiguo se fracciona como el pavimento de una carretera árida y desierta, así mismo nace la planta de la semilla que está dentro de ella. El sistema, en cuyo interior la vida del ser humano dependía de factores externos, ha caído y rápidamente colapsa, y solo quienes con amor aceptan el proceso y deciden danzar al sonido de la música del renacimiento llegan a florecer. No vale de nada mentir, no vale de nada negarse, pretender que no hay un cambio inminente coloca un candado que limita el inmenso mundo de posibilidades que está en cada uno de nosotros y que ha estado dormido durante muchos siglos.

Trabajar en ti y conocerte cada vez más te hará un ser pleno y libre. Todo comienza por recordar quién eres realmente, reconocer cómo actúas, qué está en tu subconsciente, y conectar con tu supraconsciente te permitirá ir avanzando y ser 100% responsable de tu destino.

LYA MARTÍNEZ

Mujer virtuosa, mentora y productora artística internacional, fundadora de L. M. Producciones, embajadora de la Sociedad de Hispanas Emprendedoras, escritora y conferencista internacional.

- **f** LMProduccionesColoniaAlemania
- **◎** @i.m.producciones
- **●** www.L.M-Producciones.com

EL PODER DEL MIEDO AL CAMBIO Y A LA TRANSFORMACIÓN INEVITABLE

Muchas veces he confrontado el miedo al cambio y la transformación inevitable de manera simultánea; a pesar de que transformarse es algo normal, jamás he dejado de ver y sentir una cosa sin la otra.

Se dice que el *cambio* es quitar algo para colocar otra cosa totalmente diferente, y que *la transformación* es tomar lo que ya tenemos para sacar de allí algo nuevo y distinto; yo le agregaría sin perder la esencia.

He encontrado en mi vida diferentes tipos de personas, quienes han basado su vida en cosas conocidas o desconocidas para mí, y sin embargo, independientemente de su condición social, económica, cultural, intelectual y emocional, también se han encontrado con estas dos condiciones a la vez, y les puedo decir que lo único que ha diferenciado los resultados de esta confrontación en cada uno de nosotros es la decisión de dar el paso hacia adelante, a pesar de los sentimientos, de las emociones ante esta situación, soltando y poniendo el miedo al cambio como una condición externa y la transformación inevitable como una necesidad del ser, un requerimiento *sine qua non* para continuar el camino de la vida porque, aunque se tome la decisión de la no transformación, el hecho en sí hace que esto ocurra incluso sin darnos cuenta de que lo hacemos, pero yendo hacia otra dirección aún más desconocida que la primera y a veces hasta más dolorosa.

En estos momentos estamos viviendo una transformación inevitable ante muchas cosas al mismo tiempo y, a una velocidad increíble e impredecible, nos enfrentamos como mujeres, madres, esposas, amigas y empresarias a tener que evaluar de forma inmediata varios temas a la vez sin perder la postura, tomando responsabilidad y reaccionando para nuestro bien y el de los que nos rodean.

Mi consejo, al que llegué a través de mis vivencias, es que, si es verdad que sentimos algo que puede paralizarnos, debemos confiar en que las cosas suceden para mejorarnos en algún sentido, para probar nuestra capacidad de discernimiento, para aceptar las cosas que no podemos modificar y, sin embargo, poder ver desde otro punto de vista para recordarnos que tenemos la fuerza necesaria y más, y que podemos, a pesar de la velocidad en que estamos viviendo, pautar nuestros tiempos, instruirnos y actualizarnos, encontrar un grupo de personas para apoyarnos; transmitir lo que queremos, sentimos y deseamos por otras vías respetando el punto de vista de los demás, plantearnos nuevos proyectos y redireccionar los ya existentes, podemos confiar en nuestra esencia, darnos cuenta de que no lo sabemos todo, aunque podemos tomar la decisión de avanzar, dedicarnos a comprender nuestro entorno, fomentar el liderazgo ético positivo en nuestra profesión y en nuestra vida cotidiana, aun en estos momentos, colocando el poder del miedo al cambio fuera de nosotras y decidiendo tomar de la mano esa transformación inevitable que sucede dentro de nosotras, dándole paso a un nuevo YO, asumiendo nuevos retos y vivencias.

LIDIA MONZÓN

Mujer virtuosa, embajadora del Seminario de Hispanas Emprendedoras, mentora para el desarrollo de competencias en comunicación, liderazgo y valores, máster en inteligencia emocional, máster reiki, Practitioner en programación neurolingüística, conferenciante, escritora, autora del Libro
Él éxito ¿divina cuestión?

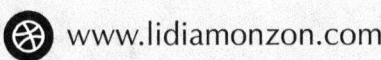
www.lidiamonzon.com

lidiaems@gmail.com

LA PALABRA, GENERADORA DE CAMBIO

A lo largo de la historia humana, la palabra se ha utilizado para transformar las emociones y lograr acciones diferentes. El lenguaje representa nuestra existencia, nuestra esperanza y nuestra vida, es el espejo de cómo somos.

Estamos viviendo ahora, más que nunca en la historia, un tiempo de «incertidumbre». A medida que ha ido pasando el año se ha instalado el miedo, secuestrando el futuro personal y económico de muchas personas. Está siendo un momento de reflexión, de mirada interior, de ver y descubrir de qué forma queremos continuar nuestra vida. El tiempo, esa gran variable que siempre creíamos que teníamos, y de sobra —aunque la queja por su falta estaba presente en el lenguaje cotidiano de muchos—, ahora hemos visto que es efímero. Ha llegado «el momento de la verdad» en la vida de cada uno.

Creamos nuestra realidad independientemente de lo que ocurre fuera, y aquí el lenguaje tiene un papel preponderante; cómo lo usamos, cómo construimos nuestras frases y conversaciones, cómo nos hablamos a nosotros mismos. Ese diálogo interno tiene muchísima importancia, aunque no se la damos; «la loca de la casa» finalmente tiene el poder de crear nuestra realidad, la tuya y la mía, así pues, como decimos, aquello que queremos conseguir es clave para este cambio de conciencia. Ordenando la palabra, usando un lenguaje positivo que nos lleve a avanzar y abriendo nuevos caminos encontraremos las mejores soluciones a los desafíos actuales, pero lo más importante no es solo hablar con un lenguaje positivo, es habitar la palabra, estar tú en ella. No debemos hablar por hablar.

Uniendo pensamiento, palabra y emoción, tres caminos que en este momento es vital agrupar en esta coherencia que la nueva realidad demanda, caen los velos de lo oculto y el engaño, y nosotros (todos y cada uno), constelando esta crisis, sacaremos el héroe o la heroína que llevamos dentro. De las crisis salen personas más sensibles y suaves; uno de los recursos que ahora se manifiestan como importantes, en esta transformación consciente de esta nueva humanidad, es la palabra.

Cada uno está llamado a crear su Cielo en la Tierra y escucharse unido a la palabra, esa palabra amable, sentida, primero demostrando el amor para contigo mismo y, por supuesto, una vez integrado, formando parte de nuestro hablar y compartir cotidiano. Se trata del lenguaje de la felicidad para una sociedad consciente de la importancia de generar realidad nueva. La palabra más importante: el amor; donde hay amor, el miedo desaparece.

Lo más importante de todo este proceso personal y global es en las personas que nos vamos a convertir para transitar las situaciones que vivimos, puesto que cada uno de nosotros eligió encarnar en este tiempo y participar en este gran acontecimiento mundial y salir reforzado.

Tú y tu palabra forman parte de este gran cambio de la humanidad. Escúchate desde la mirada del observador, pon atención a tu lenguaje y tus creaciones a partir de él, y observarás que tienes el poder de hacer posible una Nueva Conciencia personal y global. ¡Usa palabras poderosas cada día! Adúeñate de ellas y vive desde la energía que ellas provocan. Cada mañana escoge qué quieres para ese día y para tu vida, y elige una palabra para vivir desde ella.

«¿Mi mayor éxito? Conquistarme a mí misma».

NANCY BRAVO

Mujer virtuosa, embajadora del Seminario de Hispanas Emprendedoras, licenciada en Ciencias de la Comunicación, formadora intercultural certificada, autora del libro *¡Bravo! Soy intercultural*. Embajadora de Hamburgo, Alemania para la Sociedad de Hispanas Emprendedoras (SHE), Miembro de la Cámara Internacional de Conferencistas (CCI), así como de la Federación Internacional de Inteligencia Interpersonal y Liderazgo Ético (FIIILE).

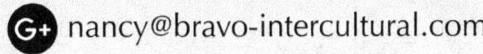
nancy@bravo-intercultural.com

LA INTERCULTURALIDAD Y SU IMPORTANCIA EN EL MUNDO GLOBAL

Para poder reconocer nuestra identidad como seres humanos, habitantes de un mismo planeta sin diferencias de color de piel, religión, idioma, nacionalidad o creencia es fundamental el uso adecuado de las habilidades interculturales. Si cada individuo lograra manejar correctamente la carga cultural (estereotipos y sesgos culturales) que lleva consigo y la que llevan los demás a cuestas para percibir e interactuar en el mundo, sería más armoniosa, respetuosa y productiva la convivencia entre la humanidad.

ARGENTINA GARCÍA TAPIA

Mujer virtuosa, maestra en Tecnología Educativa, licenciada en Derecho, licenciada en Educación Secundaria.

G+ argentinagtapia@gmail.com

VIDA ABUNDANTE

Hola. Sí, a ti, que hoy estás leyendo estas palabras, te deseo una vida abundante.

¿Sabes?, un alto porcentaje de personas en el mundo cree que hemos nacido para sufrir y, tristemente, esa forma de pensar hace que ellos, sus familias y las personas a su alrededor vivan de ese modo, es decir, están compartiendo su infelicidad, su pobre, triste y sufrida vida. Hace más de dos mil años un maestro hebreo dijo: «Yo he venido para que tengan vida y la tengan en abundancia». Esto me hace pensar que este hombre quería ver a los demás con una vida de bienestar y no solo viviendo, sino viviendo abundantemente.

A este hombre yo le he tomado la palabra y estoy segura de que toda la hermosa, diversa y sorprendente creación que nos rodea es para que tengamos una vida abundante. Esa vida abundante nace en nuestro corazón, toma forma en nuestra mente y se materializa en nuestro vivir, en la decisión que tomamos cada día; por ello, no solo debemos tener una vida abundante, sino procurar en nuestro alrededor esa sobreabundante vida. Tal vez te preguntes cómo. Y la respuesta la obtendrás; si has decidido que esa vida abundante nazca en tu corazón, tu mente empezará a darle forma, y así disfrutarás el caminar descalzo o con unos hermosos zapatos, disfrutarás de los mejores platillos y de un taco con sal, disfrutarás de una conversación con una persona muy culta o con el hombre más anciano; amarás porque es un placer hacerlo y no por lo que te pueda ofrecer, y sonreirás cuando esté calmada la tormenta y cuando esté calmado el marinero, pues en tu ser se ha materializado la vida abundante, en la cual podrás reconocer que hoy eres la persona más rica del mundo, porque tienes vida.

Meditarás en que la holgura de tus pasos solo es limitada por tus pensamientos.

Te verás como lo más valioso y de mayor lujo, simplemente porque eres tú, y aun cuando se buscara en los lugares más remotos, no hay otro u otra igual.

Serás consciente de que atraes demasía a tu persona y a los demás, con tus palabras eres importante, disfruto de tu compañía, aprendo de ti, eres único o única.

Que tu bienestar sea permanente por decisión propia y no dependa de las circunstancias, las posesiones, las personas que están o no están.

Que los que están a tu alrededor respiren ese olor fragante de la superabundancia de la vida en tu persona.

Que todo lo que hagas sea proliferado, siempre y cuando sea de bien para la humanidad.

Que perdones y rías sin fin.

Que tus ojos estén puestos en lo que amas sin perder el enfoque.

Que tu rostro resplandezca por la transparencia de tu persona.

Que siempre estés exuberante por la abundante vida que tienes.

Te deseo una vida abundante.

ARIADNA ARAGÓN MONTENEGRO

Mujer virtuosa, licenciada en Sistemas Computacionales, coach internacional en vida y desarrollo humano, máster en reiki.

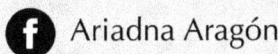 Ariadna Aragón

 2281430866

IDENTIDAD

Para una mujer, *identidad* es una palabra interesante.

Al nacer nos convertimos en hija de o hermana de, y empezamos a sentirnos más como una extensión de una persona que SÍ es importante, en lugar de un ser individual con gustos y necesidades propias. Luego, si crecemos y nos casamos, nos convertimos en esposa de y mamá de, siendo una extensión de un marido o hijos. Hay mujeres que eligen no casarse o no tener hijos y la sociedad, además de sorprenderse, llega a criticarlas por no cumplir con roles estándar, porque han olvidado una verdad fundamental. La pregunta sería: ¿quién olvidó esta verdad, la mujer o la sociedad? Todos estos roles los hacemos con inmenso amor, incluso, somos capaces de renunciar o dejar en pausa nuestros gustos y actividades personales con tal de estar al cien por ciento para nuestros seres queridos, y cuando la vida avanza y los hijos crecen para volar a su propio nido, podemos sentir un gran vacío y esperar con ansia convertirnos en abuelas para regresar a ser abuela de.

Si por alguna circunstancia el matrimonio se acaba, hay mujeres que se sienten perdidas, creen haber fallado en la vida. Algunas buscan desesperadamente a cualquier tipo de persona como pareja, aunque les haga daño, para poder volver a ser la esposa de. ¿Y si ser mujer fuera simplemente igual a ser un ser humano con derecho a tener gustos propios, necesidades propias que podemos satisfacer y hacer cumplir con la misma importancia que todas las demás personas?

¿Qué pasaría si en lugar de convertir a nuestras hijas en extensiones de la familia, les enseñáramos a tener identidad propia y dignidad? Es muy posible que el maltrato, la discriminación, la violencia y otros males que acosan a la mujer acabarían, porque ya no habría mujer que lo permitiera. Nuestras niñas podrían decidir amar, cuidar y compartir en total libertad, sin atarse al sufrimiento. Podrían crear hogares más felices, donde las personas compartan sus vidas porque lo disfrutan, no por un contrato que solo acaba si alguien muere. Tal vez tendríamos jóvenes mujeres capaces de ser independientes, de sostenerse por sí mismas; ya estamos comenzando a ver generaciones de mujeres emprendedoras, autónomas que deciden amar, rodeándose de personas con las que el amor es algo natural, cuyo resultado es el mutuo cuidado de todas las partes, incluyendo, por supuesto, a la mujer, entonces, de este modo surgirá la mujer como persona, como una Andrea, Gabriela, Erika, Ariadna, María, Guadalupe, Patricia, como seres únicos, irrepetibles, valiosos que merecen respeto y tienen identidad por el simple hecho de saber y practicar SER mujer.

Estoy agradecida por ver el inicio de una nueva Era, en la que la igualdad está completándose para todas las razas y todos los géneros, y de ti, querida lectora, me encantará conocer tu historia de cómo es para ti SER MUJER.

ELVIA ERIKA BARAJAS CORTÉS

Mujer virtuosa, licenciada en Enfermería, especializada en geriatría, con conocimientos de terapias, reiki, biomagnetismo y ozono.

f Azul Barajas

G+ Eclipse26@live.com.mx

LA NUEVA MANERA DE VIVIR

Un buen día el mundo cambió y nos mostró una nueva manera de vivir, una nueva forma de vernos los unos a los otros, les dio un sentido diferente a nuestros días y nos brindó la oportunidad de experimentar un despertar en nuestro interior. La mayoría de las veces los sucesos de la vida nos toman por sorpresa, y enfrentamos altibajos que nos generan cansancio emocional y desafíos que aniquilan nuestra paz; la mente es tan ruidosa, tan llena de juicios a los que no les damos la oportunidad de escuchar nuestro interior. Somos presos del ego, que nos sumerge a un mundo materialista, yendo detrás del dinero, de posesiones, de títulos, de reconocimientos, y es ahí donde perdemos la mayor parte del tiempo y permanecemos engañados, porque después de haber conseguido todo lo anterior volveremos a sentirnos vacíos, por haber perdido el sentido de nuestra existencia.

Muchas veces creemos que nada mejorará, andamos perdidos, sin tomar en cuenta que debemos ponerle pausa a nuestra mente y dejar de ver todo el ajetreo que hay afuera para descubrir que todas las verdaderas respuestas están dentro de nosotros mismos, sí, aquellas respuestas que nos llevan a asimilar lo bello de la vida, cuando experimentas paz interior y solo reconoces que las turbulencias son parte importante para nuestra evolución, con la firme intención de hacernos saber que el verdadero propósito de la vida es nuestra felicidad a través de la paz que emerge de nuestro corazón.

Cuando comenzamos a trabajar con la transformación

de nuestro ser, todo toma otro sentido, nos hacemos más conscientes de nuestro entorno, nos alejamos de lo vano y de lo efímero y comenzamos a poner en foco lo real y aquello que nos acerca a tener mayor empatía con los que nos rodean. Llegará el momento en que veamos el mundo con otros ojos y, por ende, el universo tendrá otra percepción de la raza humana, nos visualizará con un despertar más consciente, estaremos más atentos a cada señal, a cada palabra, y nos permitirá resetearnos junto con él para enriquecer nuestro sentido de la vida y la humanidad. Cuando vivimos conectados a la Fuente, al universo y a la energía espiritual, comenzamos a experimentar calma, paz interior y libertad.

La paz vive en nosotros, esa paz viene de Dios, que crea el resplandor de nuestro ser, te hace consciente de quién eres, de cuánto vales y, sobre todo, de cuánto tienes para dar. Si comenzamos a hacer cambios en nuestro interior, todo nuestro entorno generará otra energía y estaremos ayudando al mundo a crear una vibración alta que lleve a la humanidad a un sentido de paz y amor por la vida.

MARICARMEN EGUÍA

Mujer virtuosa, certificada como diseñadora de cursos, coach con conocimientos en ontología, programación neurolingüística, biomagnetismo y otros.

🅕 Maricarmen Eguía Coach

☎ 2299297246

ESTO SUCEDIÓ

A raíz de una tragedia, una noticia que en un minuto cambió mi vida, pues Manuel, mi esposo, partió al lado de Jesús, Dios iluminó mi camino para prepararme y compartir conocimiento y apoyo a otras personas, tratando de cambiar su forma de observar y conocerse emocionalmente, para que tengan mejor calidad de vida y puedan trascender en este mundo para bien de la humanidad

Cuando una persona reconoce que es una esencia de luz y que de ella pueden emanar muchos conocimientos y dones para compartir y hacer mejores personas a su alrededor, es cuando todo empieza a cambiar. Y el reconocerse una persona hermosa, inteligente, triunfadora y, al mismo tiempo, humilde para aceptarse como tal es empezar a dar sin vanidad ni egoísmo. Por ello digo que Dios no te da algo que no puedas soportar, Él te conoce porque fuiste creado a su imagen y semejanza, entonces, es necesario dar lo mejor de ti a la humanidad, porque esto regresa en bendiciones a tu vida.

ELENA TEJEDA HERNÁNDEZ

Mujer virtuosa, bióloga, maestría en Política, Gestión y Derechos Ambientales, empresaria, docente y Toastmaster.

- **f** Emprende Elena Tejeda
- **G+** ele_ambiental@hotmail.com
- ☎ 2281007058

¿CUÁL ES MI LUGAR?

En el tiempo, en el aire, en la vida y en la naturaleza, el ser humano es la piedra angular de todo cambio, tanto en su interior como en lo que lo rodea; es mi deseo expresar que soy una mujer en transformación desde el cuerpo, el alma y el espíritu. Encontré en las decepciones, en las caídas y en las malas jugadas de la vida la espiritualidad y la creación, ha sido la fuerza del ser del espíritu lo que me ha permitido mi cambio y mi caminar; compararme siempre ha sido un obstáculo para avanzar, descubrí que ese pensamiento me limitaba porque, en realidad, no tengo nada que no pueda ser mío y la humanidad tiene todo lo que puede ser mío. Te vas a preguntar ¿y qué puede ser?

Lo que la humanidad tiene y que todos debemos proteger es nuestro planeta, el cual trae nuestro bienestar y la paz interior, y es el espacio en donde vivimos y el que se nos concedió para desarrollar nuestras vidas, nuestras habilidades y nuestro amor. Este amor del que te hablo todos lo tenemos, desde que nacemos hasta que partimos de este planeta y más allá. Reconcíliate con la vida, con el amor de tu madre, de las mujeres a tu alrededor; reconcíliate con tu hogar, con este planeta, con tu espacio, ¡vive! Observa la luz del sol, la luna al caer la noche, y si un vecino te molesta con su música, disfruta esa música, piensa en lo fabuloso de la diversidad, ama, solo ama. ¿Es difícil? Sí, es muy difícil, pero no imposible, frase trillada, ¡pero muy cierta!

Sé parte fundamental y activa de una sociedad para fomentar el cuidado del medioambiente, combatir la violencia desde tu casa, tu colonia y las aulas; transmite la cultura y las artes de tu ciudad, de tu estado o país, sé promotor de la paz interior de las personas a tu alrededor y esa se verá reflejada en toda una comunidad de tu ciudad, de tu estado o país.

¿Cuál es mi lugar? Así decido titular este mensaje, y te diré por qué y para qué. Un día me pregunté cuál era mi lugar en este mundo y todo empezó por no tener un ¡autoconocimiento! Hoy, mi lugar es el de una mujer que decidió crecer y autoconstruirse para transmitir su mensaje de paz y amor a la humanidad. Decidí hacerlo por la falta de empatía de muchos seres humanos ante la sensibilidad de las emociones. Si te escribo este mensaje —¿para qué lo llamé así?— es para que tú te preguntes qué estás haciendo hoy por ti; te invito a ser feliz contigo misma o contigo mismo disfrutando este bello planeta y te pido ayuda para que, con tu granito de arena, hagamos la diferencia. Hoy, la humanidad está viviendo una crisis mundial por un microrganismo, tan diminuto que no lo puedes ver, pero tan desastroso que paró al mundo. Eso mismo puede generar tu aporte, pero en el sentido positivo: si hoy te decides a generar cambios, quizá nadie lo vea más que tú, pero esa aportación será suficiente para impactar a otros y multiplicar el bienestar exponencialmente, al grado de impactar a la humanidad en positivo, el lugar en el que vivimos tú y yo.

MARÍA TERESA DE JESÚS GARCÍA VILLA

Mujer virtuosa, estilista profesional y asesora de salud.

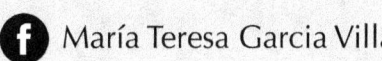 María Teresa Garcia Villa

SOMOS SERES DE LUZ

Todos somos seres iluminados directamente por la Fuente que nos creó y si «transformamos el miedo y el ego, lo transformamos todo». Somos perfectibles en manos de nuestro creador, tenemos libre albedrío para transcender mediante la toma de conciencia de nuestras virtudes, requerimos corregir nuestras creencias y agradecer todo lo que nos es dado en el aquí y ahora. Una de las mejores cosas que me han sucedido en los últimos dos años es saber quién soy y eso me ha llevado a poder manifestarlo: soy un ser de luz, que resplandece.

MARÍA DE LA PAZ NIEVES SÁNCHEZ

Mujer virtuosa, licenciada en Derecho, Máster en Derecho Laboral, fundadora y presidenta de la Fundación Manos Unidas Veracruzanas A. C.

TODOS PODEMOS INFLUIR EN NUESTRO ENTORNO

Lo más bello de la vida es saber que estás vivo, que tienes la oportunidad cada segundo de tu existencia para contribuir en hacer la diferencia. Por eso, esfuérzate en el aquí y el ahora para ser feliz y transmite tu energía positiva a los que llegan a ti. Sé luz y esperanza, armonía, solidaridad, porque lo único que te acompañará es el equipaje del amor, así que trata de cuidar, proteger, ayudar y apoyar a todos sin distinción de raza, credo o color, solo toma su mano de amigo, hermano, padre, madre, hijo, abuelo, abuela, esposo o esposa y sonríe a todos, aunque nadie te sonría. Con haber dado tu propia alegría te llenarás de mucha satisfacción porque algún día regresará de mil formas, por eso te digo: busca la felicidad dentro de tu ser y de tu corazón, porque ahí está el gran amor de tu vida, que es DIOS.

SANDRA DOMÍNGUEZ RONZÓN

Mujer virtuosa, contadora privada, tanatóloga, fundadora y presidenta de Brayan Contigo Puedo A. C.

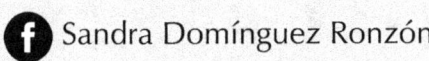
Sandra Domínguez Ronzón

AMOR A LA VIDA

Hablar de amor no es fácil. Todos en algún momento de nuestra vida nos sentimos agobiados, traicionados, incrédulos e incluso tocamos fondo, sí, tocamos fondo tan fuerte que pensamos que ya nada vale la pena, que nuestra existencia en esta vida no tiene sentido alguno, pero cuando estás en lo más oscuro y profundo, renace en ti ese sentimiento maravilloso llamado amor, ese sentimiento que llevamos en nuestro corazón, que alimenta el alma y que te permite mantenerte vivo, y es entonces, solo entonces, cuando te permites darte una nueva oportunidad de vida y te das cuenta de que el creador está a tu lado, que en ningún momento te ha dejado, que todo pasa porque Él lo permite, pero lo hace porque sabe que a partir de ese momento te permitirás reconocerte, empezarás a entender todo desde un *para qué* y no un *por qué*. La vida no es fácil, está llena de aprendizaje, de alegrías, de tristezas, de fracasos, de éxitos y muchas cosas más; hay emociones que nos traicionan, pues claro, somos seres humanos, personas vivas, un complemento de emociones y sentimientos, pero cuando trasciendes tu ego, vences el «yo soy» y el «yo quiero», te das cuenta de todo lo que eres capaz de entender, de todo lo que aceptarás, porque estarás frente a ti entendiendo qué es lo que viniste a dar a este mundo.

Para poder compartir con los demás lo que tienes, primero debes aprender a quererte, a valorarte y saber ser feliz, libre de ataduras y prejuicios que no te llevan a nada. Cuando logras entender esto, lo demás fluye dentro de ti como una suave caricia que toca tu alma, con esa calidez tan maravillosa que se siente cuando logras compartir y dar a los demás lo que tú tienes dentro de ti. Imagínate qué mundo tan maravilloso podemos dejar a las generaciones siguientes si les compartimos la forma justa de ser felices, de hacerlos ver que una persona es maravillosa por lo que posee en su alma, que si compartes con los demás harás la diferencia en el mundo y que no importa que no tengas mucho, si lo que tienes basta para hacer feliz a quienes están a tu alrededor; esa parte que te hace tan especial y único se llama amor.

Yo no cambiaría nada de lo que he vivido, me siento plena con todas las cosas maravillosas que el creador colocó a mi alrededor. Tengo una vida maravillosa con lo que soy.

ÁNGELES ELENA PÚJALA TIBURCIO

Mujer virtuosa, contadora pública, asesora financiera y orientadora de salud con conocimientos de biodescodificación.

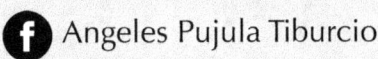 Angeles Pujula Tiburcio

QUIERO CONTRIBUIR A UNA SOCIEDAD CON MIRADAS Y ACCIONES CONSCIENTES

Mi experiencia en sociedad despierta estriba en reconocer primeramente el amor hacia el regalo más grande que hemos recibido por la Fuente Divina, nuestro señor Jesucristo, y en permitirnos emprender este viaje llamado vida. He comprendido también que todos somos ciudadanos virtuosos y que debemos aprender a reconocer todo el amor que podemos brindar a nuestros semejantes, reconocer nuestro patrimonio, que está compuesto por nuestro linaje, la sociedad y el respeto a todo ser vivo.

Reconocer que debemos despertar los valores que nos permitan mirar nuestras limitantes dando el lugar y el respeto a nuestros semejantes, ya que todos somos ciudadanos virtuosos en una sociedad que está por despertar al amor, el respeto y la integridad, porque todos requerimos del reconocimiento de nuestras cualidades humanas y eso solo puede ser con respeto y amor.

También desde mi experiencia he podido reconocer que tenemos la gran responsabilidad de dar el primer paso a despertar a una sociedad virtuosa, permitiendo un mundo más consciente y respetuoso de la vida y la conservación de todo ser vivo.

LAURA GONZÁLEZ HERNÁNDEZ

Mujer virtuosa, empresaria en Difusión, emprendedora, coach y tallerista con conocimientos de neurociencia, programación neurolingüística y biodescodificación.

- Laura Gonzalez Hernandez
- lauragh.coach@gmail.com
- 2299018392

UN VIAJE EN EL QUE APRENDO, COMPARTO E INFLUYO

Este viaje empezó en 2014, aunque, si soy sincera, toda la vida los caminos que he transitado me fueron llevando a lo que ahora soy. Primero, ser rebelde y muy segura de mí misma me ayudó a buscar algo que me apasionara, que fue el baile, y, de todo lo que hacía, lo que más me generaba adrenalina era el estar frente de la gente, el escenario.

Esa etapa terminó con una cirugía de rodillas, «levantarme» y aprender a «caminar» de nuevo ha sido algo que ha caracterizado mi vida.

Esa capacidad de ser persistente y resiliente (mis padres y mi marido dirían «terca») me ha permitido salir adelante de malas decisiones, excusas que nunca terminaban, relaciones tóxicas y el haberme enfrentado a la maternidad a una edad en la que debería haber estado haciendo mil cosas diferentes. Todo ha contribuido a formar la persona que soy hoy, lo cual agradezco.

El cambio más significativo fue en 2015, cuando me di cuenta de que no importaba a lo que me dedicara (manualidades, publicidad, diseño, *coaching*, ventas), mi energía la debía enfocar en SER FELIZ. Feliz, agradecida y conectada con el universo y todo lo que esto represente para cada uno de nosotros, y de ahí analizar, en primera instancia, qué es para cada uno de nosotros ser feliz y, claro, qué hacemos cada día para lograrlo.

¿Tenemos un plan? ¿Objetivos? ¿Sabemos qué es lo que nos hace feliz?

Este tipo de preguntas rondaban en mi cabeza y de ahí que mi naturaleza inquisidora empezó esta búsqueda interminable de conocimiento que me brinda entendimiento de la manera particular que tanto requiero. Ahora bien, esto es lo que a mí me funciona para lograr esa paz interior, a mejorar mi forma de ser, a conocerme más y, sobre todo, a RECONOCERME y darme ese abrazo de amor que durante mucho tiempo me negué.

Pero esa soy yo, cada uno de nosotros debe emprender esta búsqueda de la manera en que mejor conecte consigo mismo, para así poder conseguir el éxito que deseamos. No importa la metodología, la técnica o la espiritualidad que decidas aplicar a tu vida, lo primero que necesitas es saber quién eres, qué te gusta, qué no, cómo te percibes y aceptas y, claro, cuáles son tus áreas de oportunidad y mejoramiento.

La propuesta es: conócete y acéptate para que puedas llevar eso a un plano consciente, y desde ahí empieces todos los procesos que requieras para ser feliz y amarte más.

Te invito a lo siguiente: limpia y ordena tu casa, limpia tu cuerpo por dentro y por fuera y ordena tus pensamientos.

Arregla y elimina tus cosas, arregla las relaciones que en algún momento se dañaron, hoy estás vivo, mañana no lo sabes. Elimina todo aquello que es nocivo para ti y tu vida, pensamientos, hábitos, vicios, personas, trabajos, actividades, etcétera.

Siembra lo que gustes, abona y riega para que germine y crezca. Elimina plagas o malas hierbas que le puedan robar energía vital, siembra en ti pensamientos y actitudes positivas, que te permitan ser una mejor versión de ti mismo, y elimina todo aquello que te robe energía para lograrlo.

Conócete y reconócete, siéntate a la mesa con tus sentimientos y tus pensamientos, y acepta qué es aquello que te lleva a ser la peor versión de ti mismo; dale las gracias y emprende el cambio en tu interior.

Reconócete todos los logros y aciertos que has tenido en todos los aspectos de tu vida y siéntete orgulloso de ellos.

Cada vez que los sentimientos negativos te quieran abrazar, recuerda lo positivo, recuerda que la luz siempre vencerá a la oscuridad y sé consciente de que siempre estarán las dos presentes en tu ser y en tu vida, pero que solo tú decides qué es lo que va a dominar. Entonces, perdónate, ámate y suelta. Gracias, gracias, gracias.

MARCELINA CÁZARES LARA (NINA)

Mujer virtuosa, licenciada en Administración de Empresas, empresaria en el ramo turístico, coach en terapias de sanación emocional.

 Nina Cázares

MENTE ABIERTA

La búsqueda de mi ser interior me llevó a descubrir todo este camino de superación personal y bienestar. Siempre fui inquieta respecto de la búsqueda de mi propio ser. En casa aprendimos, mis hermanos y yo, que la vida no solamente era vivirla desde afuera, interesándose solamente por lo que nos ofrece el mundo externo, sino que había un universo interior en el cual se podían buscar respuestas a nuestras situaciones y que ese universo era vasto e infinito, por lo que el aprendizaje siempre iba a estar en nuestras vidas.

Y cuando tu mente está abierta a percibir nuestro entorno desde diferentes ángulos, surge el maestro que te llevará paso a paso a descubrirte a ti misma. Siempre he buscado cómo ayudarme a equilibrar mis emociones; descubrí que en la naturaleza se encuentran muchas formas de apoyarse para curar el alma y el cuerpo físico. Si buscamos en nuestro interior, encontraremos las formas de apoyarnos en las diferentes situaciones que se nos presentan día a día.

Abrir la mente, estar conscientes de lo que somos y de nuestro entorno nos darán la proyección y la energía para encontrar nuestro verdadero yo. La abundancia en todos los aspectos se manifestará, ya que será el resultado físico de una acción.

Expresa amor. Muéstrate como te gustaría que los demás te vean: cuando compartas todos tus dones hacia los demás, se generará una vibración tan fuerte que irradiará tu entorno;

cuando recordemos, en realidad, quiénes somos, se despertarán en cada uno de nosotros la fuerza y el poder para hacer un cambio verdadero en nuestras propias vidas.

GLORIA ROMO

Mujer virtuosa, contadora pública, presidenta de la Asociación Mexicana de Hoteles y Moteles de Aguascalientes A. C., escritora y speaker internacional.

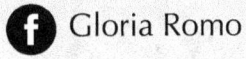 Gloria Romo

EL PORTE DE LA PATRONA

LA PATRONA tiene un significado muy amplio para mí. En esta ocasión quiero presentarla como una persona altamente transformadora, que puede generar su propia energía bajo los principios de amor, verdad, confianza, armonía, paz, abundancia, prosperidad, éxito y posibilidades financieras, y bajo ese concepto te comparto el PORTE de la Patrona, que influye en el ser.

¿Has escuchado la palabra *porte*?

Porte se refiere a la presencia o el aspecto de una persona y también a la forma de comportarse, su conducta y sus acciones. Los seres humanos asumimos diferentes roles en nuestra vida cotidiana, como estudiantes, padres, trabajadores, esposos, administradores del hogar, etcétera. En mi caso, el rol que más me define es el de patrona. Ser patrona es un estilo de vida, pero no solo hacia el exterior, sino hacia el interior.

Quiero compartirte una herramienta que he diseñado y lo que representa para mí el porte, porque SER PATRONA exige tener PORTE. Vamos a ver el significado de cada una de sus letras:

P ROPÓSITO

O RDEN

R ELACIÓN

T RANSFORMACIÓN

E NTUSIASMO

La **P** de *porte* es **propósito**, darle un rumbo a tu vida. El *propósito* es entender quién eres y qué talentos tienes; esos talentos siempre serán tus recursos, poderes o magia, así que te invito a tener clara tu misión: ¿qué quieres hacer? Tu visión: ¿hacia dónde vas? Y tu filosofía: ¿con qué valores te vas a acompañar? Cuando sabes hacia dónde vas, puedes concentrar tu energía y enfocarte más allá del camino.

La **O** de *porte* corresponde al **orden**: la persona equilibrada que logra lo que quiere es la que desarrolla una metodología de vida. Es un buen momento para organizar tus ideas, conceptos, cosas, tiempo... todo esto viene acompañado con disciplina, que es una práctica diaria.

La **R** es de las **relaciones**. ¿Cuál es tu estilo para comunicarte con tus vecinos, con la persona que se lleva la basura, con la autoridad, con tu familia o con tus empleados? Mantener relaciones asertivas se puede lograr si bajamos las barreras y abrimos el corazón, así también se recibe la magia y gracia que el universo tiene para cada uno de nosotros.

La **T** es de **transformación**; empieza por lo que tú quieres ver y lo que deseas ver alrededor, transformando tu entorno. El principio de cualquier transformación primero es contigo y después es contagiar a otros a que lo hagan; ayuda a tu comunidad o a tu red para consolidar la actividad a la que te dedicas. Esta transformación la visualizo como el momento que dará paso a la TRASCENDENCIA, porque cada acción transformada positivamente día a día va dejando un camino y huellas.

La **E** es de **entusiasmo**; el motor fundamental para vivir, contar con una actitud positiva, **ENTREGARTE** con todo tu ser, con pasión. Cuando se está comprometida, el éxito se tiene asegurado. **Yo lo llamo la E al cubo: Entusiasmo (sentimiento), Emoción (sentimiento) y Entrega (acción) es igual a ÉXITO.**

¡Vive una vida con significado y sé la máxime expresión de la energía y la riqueza!

LUCÍA ALLENDE

Mujer virtuosa, licenciada en Economía y Administración, maestra en Negocios Internacionales y Psicología Positiva, empresaria, emprendedora y autora del libro Super Féminas.

f Lucia Allende

G+ colaboraciones@luciaallende.com

LA IMPERFECCIÓN

Soñamos con un balance armónico en nuestras vidas, ¿qué tal si observamos la siguiente teoría?

Nada en la existencia es fijo, todo crece, evoluciona, se transforma, explicando que nunca nada es igual; hoy no será lo mismo que mañana, ni tampoco lo serás tú. Es por eso que nuestro objetivo es evolucionar y no encontrar aquel balance perfecto de una paz inmejorable.

¿Y si fuera nuestro objetivo superarnos cada día, aprendiendo a integrar en nuestro ser nuevas herramientas para poder seguir esa evolución?

Y sí, el amor, palabra que proviene del latín *amoris*, que significa «sin muerte», lo que quiso decir para los antiguos romanos es «algo eterno», lo que explica que el amor es eterno, que yo soy eterno y que todo lo que yo toco es, por tanto, perpetuo, al igual que todo lo que creo, imagino y tengo tan solo porque proviene de mí.

Y sí, el amor incondicional no depende de ninguna condición.

Y sí, yo soy el resultado de mi propia creación, imperfecta e incondicional.

Y sí, la compasión, hija del amor eterno e imperfecto, textualmente significa «tener pasión sobre algo», lo que suelta aquella explicación religiosa que conocemos sobre la compasión, la cual nos hace pensar en sentir pena sobre otro o estar a total servicio de quien lo necesite o simplemente volcarse sobre aquel que necesite nuestra ayuda, y hace que sea observada desde otro punto de vista.

¿Y si yo creara pasión por mis propias imperfectas creaciones y existencia?

¿Y si yo sintiera pasión por el otro, demostrándole con amor, constancia y coherencia quiénes somos?

¿Y si yo le recordara que es capaz de darse a sí mismo?

Un árbol nunca se va a inclinar para levantar a otro árbol, el árbol siempre estará en su centro, recordando quién es, y a través de sus raíces, ramas y hojas le brindará al otro la energía y el ejemplo para que pueda renacer, crecer, evolucionando en su propio proceso, liberando a otro de mi imperfecta perspectiva de mi realidad, sintiéndose, entonces, libre de reflejarse desde su propia imperfecta realidad.

Compartamos la imperfecta pasión por nuestra evolución.

GUSLEYMA L. APONTE AGUILAR

Mujer virtuosa, contadora pública, asesora de imagen, locutora, emprendedora con conocimientos de neurocoaching, Barras de Access, fundadora del Espacio C, mujer positiva de Valencia para el mundo.

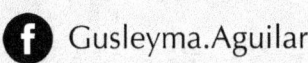 Gusleyma.Aguilar

 @gusleyma

PARA NOSOTROS

Hola, te escribo a ti que, si estás leyendo esto, quizá no, o quizá sí, estás en la búsqueda del camino hacia la luz, en el camino de tu propio encuentro con la Fuente y tu ser más elevado, tu encuentro con tu verdadero ser de amor, y lo único que quiero es invitarte a seguir adelante, que no desmayes, que sigas oyendo a tu corazón, que es la guía más poderosa y real que tienes. Te invito a que te dediques un tiempo a aprender a escucharlo y a conectar con él. Quiero invitarte a que, en el silencio, logres avivar y escuchar la voz de tu ser de amor; esa guía es el Espíritu, tu ser superior, ese ser que lo sabe todo, que tiene la conciencia más elevada y que quiere ayudarte, guiarte y prosperarte.

Te invito a que conectes con la fuerza más potente del universo, que es Dios y es el amor, que están en ti, en tu ADN, y que forman parte de tu ser y esencia más pura, porque tú eres parte de Dios y eres amor, y viniste a recordarlo y a compartir este amor con el resto de la humanidad.

Sin más, te abrazo con todo mi ser y te doy la bienvenida a la frecuencia del amor. Gracias por estar aquí.

ROSA CECILIA CRUZ RUIZ

Mujer virtuosa, licenciada en Educación Especial, maestra en Investigación Educativa, catedrática en la Benemérita Normal Veracruzana, emprendedora y empresaria.

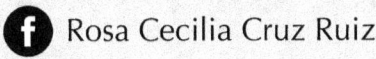 Rosa Cecilia Cruz Ruiz

TÚ PUEDES OBRAR MILAGROS

Tú eres un ser espiritual en una experiencia humana y en conexión con la Fuente tienes:

Poder. El poder que emana de tu creador. Si buscas una conexión, siempre la tendrás. A veces, o muy seguido, nos desconectamos, lo sé, pero lo importante es volver al camino de esa conexión real; entre más lo practicamos, más nos vamos habituando, y créeme que te sorprenderás.

Milagro. Es un acto de verdadero amor realizado de manera espontánea que sana a la persona que lo realiza —en la persona que lo está requiriendo—. Siempre se nos brindan oportunidades, solo necesitamos tener la disponibilidad y la atención para darnos cuenta.

Observar eso que llamamos *defectos de los demás* sin hacer juicios es un acto de verdadero amor, y al trabajarlos en mí, estoy sanando yo en los demás y estoy sanando al universo.

«Tú y yo somos uno mismo» por siempre. *Namaste*.

EDITH OLIVARES GARCÍA

Mujer virtuosa, licenciada en Educación Preescolar, miembro activo de Movimiento Magisterial Popular Veracruzano y del Frente Sindical Social Veracruzano, amante de las causas sociales.

 Edith Olivares García

LO QUE SOMOS

A veces cuestionamos tantas cosas y queremos conocer muchas más, y es natural querer saber sobre el mundo en general, pero son pocos los momentos trascendentes que nos permiten ser y realmente enfocarnos en quien somos.

¿Quiénes somos? Somos seres únicos, ESPIRITUALES, con una identidad que a veces no reconocemos, en la que distinguimos lo que nos hace visibles: un nombre, una profesión, un estatus. Eso es genial, es lo que hemos adquirido por muchos medios, pero también somos eso interno que necesitamos precisar, saber que somos algo más VALIOSO, porque es lo que nos hará trascender, porque es lo que nos une con la familia universal, que es mayor a la sanguínea; esta última nos ha permitido desarrollarnos y nos ha arropado, nos ha dado los elementos para crear esa identidad individual, y es aquí cuando entendemos que SOMOS también los otros y no solo yo.

Cuando trascendemos, el servicio es la acción, el verbo es el mandato divino del amor, somos en conjunto, ahí no somos diferentes. El *espíritu* es de la misma naturaleza, de la misma sustancia: venimos de la misma fuente y es lo que nos conecta entre todos y con ella, esta es infinita e inagotable, ahí es donde se genera todo en abundancia, de donde provenimos todos, del eterno bien, es lo que nos *unifica* sin importar las diferencias visibles, sin fronteras físicas, morales o religiosas, eso eres, eso soy, eso somos. Es tiempo de reconocernos como un *todo*, tenemos que vivir en armonía, pensando que compartimos en lo interno la *sustancia divina* que cada uno posee; desde ahí se manifiesta, crea y genera más de lo que es paz, amor, bien. Reconócelo y aprovecha para generar todo lo necesario para ti y para los demás, así sabrás quién eres: un ser ÚNICO, ESPIRITUAL Y TRASCENDENTE.

ALMA PATRICIA GARCÍA VILLA

Mujer virtuosa, licenciada en Educación Preescolar, actualmente dedicada a las causas sociales.

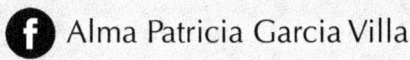 Alma Patricia Garcia Villa

MI QUEBRANTAMIENTO
ME LLEVA A VALORAR

¿Sabes?, hoy estoy entendiendo que a veces he sentido que mis cargas son muy pesadas, y en esos momentos dificultan mi andar y nublan mi mirada consciente y, sin darme cuenta, he dejado de confiar en la Fuente. ¿Por qué? Simple y sencillamente porque muchas veces, cuando las cosas no han salido como yo quiero, me desespero; como ahora, que adquirí este virus y me cuesta mucho aceptarlo y, así, me vuelvo a dormir, cayendo en la inconsciencia, entonces reniego, lucho, me resisto a soltarme y a confiar o poder ver lo que hay detrás de esta (prueba) experiencia.

Hace unos días tuve la oportunidad de escuchar a unos amigos que pasaron por la misma experiencia con mayores dificultades. Ellos expresaban que cuando ya no pudieron más, solo se rindieron, le dijeron a Dios «hágase tu voluntad» y decidieron no poner ninguna resistencia, y en sus mentes estaban otras personas que se encontraban en un estado de salud de mayor gravedad o que habían tenido que partir ya, ellos dijeron que a veces era mejor dejarse flotar y dejar que Dios actuara.

En ese momento sentí muchas ganas de llorar, me arrodillé y solamente pude decirle a Dios «perdóname, lo siento, te amo». Luego pensé: «¿Por qué Dios me está prestando otra oportunidad de vivir? Si vine a ser feliz y solo estoy sufriendo por querer estar en todo, agradando a todos, y ni siquiera quiero estar conmigo». Tenía todos estos diálogos conmigo misma en mi cabeza, en mi espacio, y fue en ese momento cuando en el silencio de mi cuarto sentí tranquilidad, respiré y sentí cómo fluía el aire en mis pulmones, entonces todo cambió.

Me pude dar cuenta de que soy muy afortunada porque, aunque todavía no percibo los olores, tengo otros sentidos que se despiertan, como la vista, que me permite apreciar lo hermoso del paisaje que me rodea. Además tengo familia, amigos, tengo aire, tengo luz, tengo sueños; tengo paz, tengo una oportunidad de despertar, de transmitir este mensaje desde el lugar a donde sé que pertenezco y del cual muchas veces renegué, y lo mejor es que todavía tengo la oportunidad de servir, pero sé que primero debo desprenderme de ese ego tan gigante que con determinadas circunstancias me lleva a la subjetividad y me encamina a la desesperación.

Aquí y ahora solo quiero valorar este instante como el mayor regalo de Dios y ponerme en sus manos. No temas ser honesta u honesto contigo, creo que cuando hablas contigo en la soledad o en el silencio y sin distractores, Dios nos escucha más claro y nos contesta a través de todo.

ROSSANA MARGARITA LEÓN ROMERO

Mujer virtuosa, contadora pública y docente.

roxilr@hotmail.com

QUERIDO YO, QUERIDA HUMANIDAD

Un día decidí vivir, un día decidí experimentar, un día concluí que todo lo externo no me pertenece si así lo creo, por un momento hice a un lado las barreras mentale; justo ahí fue cuando me coloqué frente al espejo y, decidida a abrir mi corazón, me di el valor de escribir estas líneas.

No sé si lo has pensado, pero creo que estamos de paso por esta vida, tanto mi estancia como la tuya es temporal. Observar la naturaleza hizo que me diera cuenta de esta «temporalidad». Algunos sabios citan «nada es para siempre», ¿qué pasa si aplico esto a todo lo que me ocurre?, ya sea positivo o negativo: sabré que siempre pasará, se resolverá, de la misma forma que se presentó a mi vida. Todo lo que nos acontece a diario tiene una razón de ser, desde el bichito que perseguí en la mañana para desaparecerlo de mi vista y que me retrasó para llegar al trabajo hasta lo que considero más relevante en mi existencia, como un trabajo, una casa, una pareja, etcétera. Identificarme con el para qué es aprender a fluir en las situaciones venideras. Sé que en ocasiones es difícil reconocerlo, ya que estamos distraídos en la cotidianeidad, las prisas, los compromisos, las responsabilidades, los «no saber decir no» y un largo etcétera, los cuales nos han inundado de estrés, inseguridades y distracciones del cuidado hacia nosotros mismos. Para el día que leas esto, mi consejo es: date un respiro. Observa fijamente a tu alrededor, intenta no juzgarlo, admíralo por el simple hecho de que puedes usar tus ojos para ver a tu alrededor; si tus ojos no están disponibles, atrévete a sentir, respira su apacibilidad, conecta con su manera de ser, si es una planta, un animal o una persona, déjala que sea y déjate ser. Evita iniciar una lucha contra lo que ya está predestinado; acepta.

La decisión suena fácil, se trata de elegir un camino: el sufrimiento o el aprendizaje, ¿cuál elegirías? Si aceptamos lo que es, atraemos serenidad y, por consecuencia, paz a nuestras vidas; por el contrario, si nos negamos, comenzamos a crear conflictos internos que dan como resultado complicar nuestras relaciones con la sociedad pensando que el otro tiene la «culpa» de lo que nos acontece. Entonces, el lugar donde sucede el cambio es en ti, en tu mente, ahí surgen los pensamientos de todo tipo; imagina que asistes al mercado a escoger fruta para alimentarte bien, ¿escogerías la que está podrida o la que está fresca? Pareciera sencillo de elegir, sin embargo, a la mente le gusta controlar, hacernos ver nuestros errores de manera cruel, a veces nos obliga a sentirnos insuficientes. Es ahí cuando hay que actuar sabiamente, cuestionar nuestros pensamientos, reconocer lo que nos daña contra lo que nos hace crecer, para así darle mayor peso a lo benéfico.

Por último, confía en que la vida te ama, te respalda y te sostiene, nunca pierdas la fe; tu poder reside en tu presente, nunca en lo que fue, nunca en lo que será, siempre en el ahora. Con amor, que el universo conspire eterna y armoniosamente a tu favor.

MARILYN MORALES SOLANO

Mujer virtuosa, licenciada en Administración, maestra en Dirección de Empresas y Administración Fiscal.

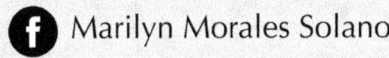 Marilyn Morales Solano

AMANDO LA REALIDAD

Conforme va pasando la vida, hay quienes pensamos que no hay imposibles ni barreras que puedan impedirnos avanzar, pero existen situaciones a lo largo de nuestro camino que se van presentando y nos llevan a frenar el impulso de la juventud.

El entorno, en ocasiones, nos dice «primero tú», y hay quienes opinan «es tu momento, deja a un lado todo y lleva a cabo tus planes de vida personales y profesionales», pero ¿qué sucede cuando te enfrentas a situaciones inherentes a tu vida familiar? Hechos que no puedes cambiar, como situaciones de salud, que no dependen de ti ni de nadie y a los que te resistes y, por más que quieras avanzar, no dejan de ser un fuerte freno, hasta que decides aceptar y vivir con ello.

Durante muchos años me negué a aceptar la realidad, mi actitud era de rebeldía y sufrimiento, pensaba que recién en una situación de salud normal sería el momento de avanzar, y la vida te sorprende con situaciones en las que subes la cima o solo rodeas la montaña y llegas al mismo lugar, es justo cuando comienzas a cuestionar «¿por qué así, por qué a mí?». Estos momentos de quiebre son los que realmente te ponen frente al espejo y tienes que decidir entre quedarte en el mismo lugar o fluir y renacer, aun con los reveses que la vida te presente.

Presta atención: mis pensamientos negativos eran el origen de los conflictos internos que me hacían cuestionar, rechazar y vivir en un tiempo futuro incierto sin mirar las bendiciones actuales.

Estoy convencida de que confiar en una fuerza superior, cualquiera que sea el nombre que le asignes, te permite que las señales de cambio lleguen y comiencen a abrir tu mirada, y aprendes a agradecer lo que te rodea, y con esto te permites aprovechar cada momento y circunstancia que se presenta, hasta llegar a amar la realidad y lograr un estado de paz que da origen a la expansión de tu propio ser.

Un estado de paz interior destruye cualquier sentimiento de sufrimiento, y no hablamos de situaciones mágicas, sino de una maduración del ser que impulsa y genera armonía propia y con el entorno, logrando así un estado propicio para generar cambios con el paso del tiempo.

En este momento podemos preguntar «pero ¿cómo lograr amar la realidad cuando el cambio no está en nuestras manos?». No podemos hablar de una receta de cocina, porque cada quien debe descubrir el propio camino, pero lo que sí puedo afirmar es que observar mis pensamientos, validar mis emociones y silenciar mi interior me han permitido agradecer esos momentos críticos que me orillaron al cambio, y he logrado compaginar la vida familiar, profesional y desarrollarme como ser humano con la firme convicción de que las decisiones tomadas de la mano de Dios Padre me ayudan a ver con claridad mi camino, y decidida a disfrutar el día a día, en el que puedo decir «si yo puedo, tú también puedes aprender a amar tu realidad».

NORMA CAMERO RENO

Mujer virtuosa, licenciada en Derecho, máster en Derecho Internacional y Negocios Internacionales, fundadora de Casa Venezuela Tampa Bay, cofundadora y miembro de diversas instituciones, amante de las causas sociales.

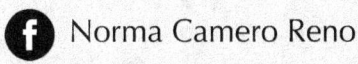
Norma Camero Reno

¿CÓMO PUEDO CONSEGUIR LA FELICIDAD?

¿Cómo contestar cuando te preguntan «¿cómo está el vaso, medio vacío o medio lleno?». La respuesta debería ser «estoy contento de tener el vaso».

Muchas veces no nos damos cuenta de lo inmensamente afortunados que somos, a pesar de todas las vicisitudes por las que atravesamos, en un mundo tan convulsionado y cambiante donde la pérdida de valores había llegado a su máxima expresión. ¿Por qué ese descontento con nuestras vidas? ¿Qué nos falta para alcanzar la felicidad? Empecemos por decir que la felicidad completa no existe, que la felicidad está compuesta de esos pequeños momentos que a diario se nos presentan: un abrazo, una palabra de aliento, un amanecer con una taza de buen café, una llamada, una conversación, una salida, todas esas cosas forman el bloque la felicidad aunado a un espíritu lleno de positividad, progreso y amor al prójimo. Ese vacío que a veces sentimos puede ser el vacío que no hemos logrado llenar en nuestras vidas, y una de las cosas más positivas para llenarlo es el amor al prójimo, el compartir y el recibir, porque tanto nos hace feliz dar como recibir. La ley del búmeran nunca me ha fallado: el universo se encarga de devolverte todo aquello que le has lanzado, sea bueno o malo, y hacer el bien es uno de los actos más satisfactorios de la vida y una de las formas más bellas de sentir la felicidad; la sonrisa de un niño cuando le das un juguete o el pan que le ofreces al que tiene hambre; el abrigo que le das al que tiene frío o un lugar caliente donde dormir en una noche de invierno. Asimismo, darle conocimiento a quien tiene hambre de saber, de estudiar, de conocer es una forma de experimentar esa felicidad que tanto buscamos.

No podemos basar esa felicidad en la compañía de alguien o no saber cómo vivir sin una persona al lado; tener una pareja es el complemento de nuestras vidas, pero no la única forma de tener esa felicidad tan deseada. «Bienaventurados los que saben dar sin recordarlo y recibir sin olvidarlo»; cuán sabias son esas palabras, que acentúan el agradecimiento, que es parte de la felicidad, y muchas veces nos olvidamos de él.

Debemos ser agradecidos hasta por despertar cada día y disfrutar del maravilloso regalo de respirar y poder seguir adelante, de la familia, de los amigos, de la naturaleza y de la mano amiga siempre presta a ayudar. Hay que dejar a un lado los egoísmos que vemos a diario en mucha gente que nos rodea, hasta cuando dices «qué rica te quedó la comida, ¿me puedes dar la receta?»; piensa en que si te pide la receta te está elogiando, porque quiere copiar ese sabor inigualable de lo que le ofreciste.

En vez de darle la receta quitándole algún ingrediente, por egoísmo o no saber compartir, aprovecha y dale toda la explicación de cómo mezclar los ingredientes para lograr el sabor deseado. El egoísmo no tiene cabida en la felicidad y la falta de agradecimiento, el olvido y el odio impiden que llegues a sentir el éxtasis de servir al prójimo sintiendo esa gran satisfacción del deber cumplido.

Recuerda que mientras más compartimos ese amor, ese conocimiento con otras personas, más nos acercamos a Dios y a la felicidad.

MARICARMEN DELFÍN DELGADO

Mujer virtuosa, licenciada en Medios de la Información, prologuista, miembro de diferentes asociaciones nacionales e internacionales.

 Maricarmen Delfin Delgado

LA UNIVERSALIDAD DEL SENTIMIENTO

Somos huéspedes, compañeros de la misma balsa, habitantes del mismo planeta con estandartes diferentes, con escapulario o sin él, con una Biblia, un Corán, con el Canon Pali; en fin, con preceptos y fronteras impuestos siglos atrás que siguen siendo cánones actuales. Estos preceptos nos han hecho pensar que somos diferentes unos de otros, que el color de la piel o de las banderas nos pone en un mundo aparte, siendo de la misma especie, con una constitución interna igual, con órganos, huesos y piel formados por el mismo tejido celular que nos permite respirar, comer, reproducirnos y caminar a casi todos de igual manera y, sobre todo, sentir las mismas emociones y emanar los mismos sentimientos. Somos humanos donde nos encontremos, no importa el rincón del planeta donde nos haya tocado vivir.

La manera de expresar esas emociones varía de acuerdo con el contexto, la formación, la personalidad y las situaciones cotidianas. Para algunas personas es muy difícil decir lo que sienten. En ocasiones pensamos que no es importante externalizar nuestros pensamientos, contar lo que el «yo» necesita decir, las reflexiones como resultado de la naturaleza humana; aunque criterios absurdos definan que somos diferentes, todos poseemos un cerebro y un corazón que dictan lo que somos.

El arte es la forma estética de expresar los sentimientos, es la válvula de escape del lenguaje espiritual, de transformar en materia los sueños, de acercar a los humanos; es la firma y la huella de la civilización, el resultado de la observación mezclada con la meditación, es la actividad humana que desentraña el misterio del mundo, comunica emociones. El arte expresa los intereses más profundos del hombre en un juego placentero con los colores, las formas, las texturas, la luz, las imágenes, los sonidos y los espacios; entre el autor y su obra siempre habrá una íntima relación de identidad.

Nuestra esencia busca de variadas formas comunicar lo que siente; las expresiones corporales, faciales, sonoras y orales tienen como vehículo la danza, el teatro, la oratoria. Tal vez nos creamos incapaces de decir mediante la voz lo que sentimos, el temor nos hace presa de esa inseguridad; sin embargo, la necesidad de exteriorizarlo no mengua y busca la forma de salir. En este trance, los sentidos se encaminan hacia la pintura, la música y la escritura.

El lenguaje nació con la humanidad y esta se ha valido de un sinfín de medios como recursos de comunicación y expresión, esencialmente de su voz y su cuerpo como instrumento vivo del sentimiento emanado, aquel que dictan las emociones propias del ser racional y lo hacen distinto de otros vivientes. Estas emociones afloradas varían en su matiz, ya que son resultado de experiencias negativas y positivas, pues sentimos tristeza, alegría, amor, coraje, depresión, motivación, todo el abanico de sensaciones que estimulan las glándulas provocando dolor o placer.

En la necesaria convivencia humana nos percatamos de la similitud que existe entre habitantes de una región, una ciudad o un país cuando compartimos un espacio físico o virtual, charlamos generalmente de temas que interesan o apasionan a dos o más personas; también habrá quien difiera o le moleste el tópico tocado, pero lo importante aquí es sentirse escuchado, reconocido y respetado, como parte de una necesidad primordial propia del ser humano.

Al escuchar una obra musical, una canción popular, un poema, o al contemplar una pintura, una escultura, un bello edificio, o bailar al ritmo de cualquier balada, lo hacemos sin etiquetar al autor por su raza o nacionalidad; simplemente nos regocijamos disfrutando de esa bella experiencia que deleita los sentidos y nos identifica con un solo sentimiento, con la esencia que fluye del mismo lugar en cualquier cuerpo, con lo que comprobamos la universalidad del sentimiento.

 sdinternacional@gmail.com

 miradasconcientes

Esta es la primera obra literaria colectiva de Sociedad Despierta Internacional, con aportaciones de la fundadora y hermosos mensajes de algunas mujeres que consideran, al igual que la fundadora, que en la diversidad está la riqueza, que están convencidas de que es a través del despertar de conciencia que el mundo se puede transformar, que saben que somos arquitectos de nuestra vida y que estamos dispuestos a seguir trabajando la tierra para ser partículas proactivas del gran concierto universal.

Todos los mensajes y el contenido fueron escritos para nosotros en los demás, pues estamos cien por cien convencidos de que somos unidad. Tú, que amablemente nos has leído, también estás invitado o invitada a participar, el puente ya está tendido y todos lo podemos cruzar. La integración es una realidad, permitir que se manifieste y colaborar con ello es una forma de empezar.